播音主持
实用训练教程

孙国栋 ◎ 编著

BOYIN ZHUCHI
SHIYONG XUNLIAN
JIAOCHENG

播音与主持艺术专业『十二五』规划教材

21世纪播音与主持艺术专业简明教材

中国传媒大学出版社
·北京

孙国栋，播音名石雨。1941年9月出生于吉林省舒兰市。1961年7月考入吉林省人民广播电台从事播音工作，曾任播音组组长、主任播音员。20世纪80年代后期，调吉林省广播电视局宣传处及学会从事编播指导工作。2001年9月起，先后担任吉林动画学院广播电视新闻学系主任、播音主持教研室主任，长春大学光华学院专业教师。主讲的"口语表达"课获"吉林省优秀课程奖"，并获学院"优秀教师奖"。

出版著作：《播音·朗诵·演播》（获吉林省社会科学优秀成果一等奖）、《播音与节目主持文集》、《口语表达技巧》。

虹云的一封信(代序)

国栋兄:

这一向可好?

听到你又出播音专业书了,且有23万字的篇幅,真的为你高兴。祝贺!祝贺!

此刻,我手边放着你陪我和我的儿子登上长白山峰顶,在天池边拍下的照片。当我夫君因公殉职,突然离世,我在人生低谷挣扎时,你邀我们母子攀登大山。你不多言不多语,从旁细致周到地照顾着我们。现在,看到照片上的我竟然是身穿朝鲜族短衣长裙翩然起舞的形象。看得出来,用天池圣水洗涤了的灵魂,正在从悲痛深渊中挺立起来。大恩不言谢,这将永记我母子心中。

这次你写的是《播音主持实用训练教程》,我非常同意。我一直有这样的看法:首先,以齐越老师为代表的播音前辈,传给了我们延安精神,那就是忠诚于党的宣传事业,做一个全心全意为党、为人民服务的播音员。我们就把这种精神化成话筒前工作时纯粹的播音,越来越好,别无他求。追随着延安老一辈的足迹,做一个像齐越老师那样纯粹的人、高尚的人。其二,以齐越、夏青、林田、费寄平、潘捷为代表开创的播法,又由葛兰、林如、王欢、刘炜等为代表的上世纪50年代播音员后续补充,形成了中国播音的一套独特的自立于世界民族之林的经验。这些播法和经验通过张颂教授等人的总结提炼,上升为理论,成就了《中国播音学》。其三,接力棒传到我们60年代的播音员手中,确实在老一辈言传身教下,经过严格的训练,有了自己的体会,积累了丰富的经验。我们这一代播音员语言基本功打得很扎实，在完成我们这一时期播音任务实践中，又跟着新时代任务和需求的转变而不断改进。应该说，我们这一代播音员、主持人，使中国播音在播法与技术技巧上是更丰富也更为完善了。

今天，把已有的训练写成教程，让播音训练更科学、更扎实，便于后辈更快地掌握播音本领，真真是我辈播音员该做的事啊，也好往下传递主流播法接力棒。我记得你也应该是那个年代来到吉林电台的吧？你写了《播音主持实用训练教程》，为我们带了个好头。我真得向你学习，把语言艺术的训练方法成体系整建制地总结出来，记录下来，传播开来。我做传承做得太晚了，但亡羊补牢总比不做好。我现在自己写作已有些困难，正请几个大学的几位博士帮我。这样，总算对齐越等老师有个交代，让后辈也能借我辈肩膀继续攀登播音艺术高峰。

没想到这本书还能配上原来你出版的那套《播音与朗诵艺术作品选》，而且，还有声音资料，这太珍贵了！这是历史音响啊！当年你刚寄来立刻就被人拿走学习去了，现在也不知传到哪里去了。我已丢了很多资料，带音儿、带影儿的留得很少，现在真要搞总结了，傻眼了。这次，我可不客气了，请你一定要给我两套，一套我当作历史证据珍藏起来，谁也不给啦！另一套我自己平时用。至于我的学生们要用，那就让他们自己花钱买好了。

我相信，以你的专业教学经验，你的为人和你诚恳、朴实、细致的作风写出来的书，肯定是本好书。

就用这封信且当作这本《播音主持实用训练教程》的加油词吧！

祝好！

虹云

2015年8月20日

前　言

　　这本书在已出版的《播音·朗诵·演播》和《口语表达技巧》的基础上,加入了新的内容编写而成。

　　这本书力图体现新、特、全的特点。具体地说：

　　新：教学理论观点新颖。例如"媒体有声语言表达类别""播音主持语言表达样式"部分都有新的表述。在语言表达技巧和语言训练要求方面,"语言表达技巧歌""新闻播音技巧歌",更有令人耳目一新之感。

　　在语言训练作品选编上,不仅收入了传统教学训练的经典作品,还收入了党的十八大以来的新闻、评论作品等,使新闻语言训练更具时代感和新鲜感。

　　特：教学理念、方法有特点。这在"播音主持专业课程教学指导原则与教学方法"中作了全面的论述。传统播音教学对播音创作的表述是："深入理解—具体感受—形之于声—及于受众",这是播音创作的 A,播音创作还要加上 B 与 C。"情感丰富—声音可塑—气息自如—技巧娴熟"是播音创作的 B,"即兴表达—交流互动—用心播音—用爱传扬"是播音创作的 C。播音创作 ABC 准确而深刻地体现了播音创作的过程、特点、技巧、目的和要求。

　　全：课程设置全面。绪论阐述了教学法、教学感受和专业思考,希望对专业教师和学生能有所启发、有所助益。

第一部分基础理论包括播音主持专业基础教学的主要内容,即播音概论、普通话语音、播音发声、主持人即兴口语、播音创作基础、新闻播音、诗歌与散文朗诵、节目主持等,课程体系完整。

第二部分语言训练,训练材料丰富、经典。包括消息、通讯、评论、电视专题片解说、体育解说、文艺解说、新闻评论节目主持、社会服务节目主持、电视综艺节目主持、诗歌、散文、小说片段、寓言、笑话、影视配音等,共计百余篇,并附有分析与提示。通过多种类型稿件的训练,可以全面提高播音与主持艺术专业学生的语言表达能力和专业素质。

本书是根据播音与主持艺术专业应用型人才培养方案和不同生源层次设计编写的,具有理论性、系统性、知识性、实用性和可操作性的特点,体现了播音与主持艺术专业理论与实践的创新。

目 录

虹云的一封信(代序) / 1
前 言 / 1
绪 论 播音主持专业课程教学指导原则与教学方法 / 1

第一部分 基础理论

第一章 播音概论 / 13
第一节 播音员的地位与作用 / 13
第二节 媒体有声语言表达类别 / 15
第三节 播音主持语言表达样式 / 19

第二章 普通话语音 / 23
第一节 普通话语音概述 / 23
第二节 声母 / 25
第三节 韵母 / 32
第四节 声调 / 35
第五节 语流音变 / 39
第六节 普通话语音训练 / 47

第三章　播音发声 / 54
第一节　播音发声基础 / 54
第二节　气息控制 / 56
第三节　口腔控制 / 61
第四节　共鸣控制 / 64
第五节　声音弹性 / 66

第四章　主持人即兴口语 / 69
第一节　即兴口语的构思与表达 / 69
第二节　主持人即兴口语训练 / 71

第五章　播音创作基础 / 80
第一节　备稿 / 80
第二节　内部技巧 / 85
第三节　外部技巧 / 91

第六章　新闻播音 / 101
第一节　消息播音 / 101
第二节　通讯播音 / 108
第三节　评论播音 / 112

第七章　诗歌与散文朗诵 / 115
第一节　诗歌朗诵 / 115
第二节　散文朗诵 / 118

第八章　节目主持 / 121
第一节　节目主持类型 / 121
第二节　节目主持的基本特征与技巧 / 123

第二部分 语言训练

第九章 新 闻 / 129
第一节 消 息 / 129
第二节 通 讯 / 137
   大江歌罢掉头东 / 137
   县委书记的榜样——焦裕禄(节选) / 138
   一株小草 / 140
   祭英雄 / 141
   颜书记和头号座 / 143
第三节 评 论 / 144
   还是要勤俭建国 / 144
   伟大梦想照耀复兴之路 / 145
   为了大家的清凉 / 145
   让改革旗帜在中国道路上飘扬 / 146

第十章 解 说 / 148
第一节 电视专题片解说 / 148
   家在向海(节选) / 148
   一个共产党员的公仆情怀 / 149
第二节 体育解说 / 151
   中国女排荣获世界冠军 / 151
   王濛夺得500米短道速滑世界冠军 / 152
第三节 文艺解说 / 153
   古画新声——介绍筌篌与箫组曲《清明上河图》(节选) / 153
   独舞《采山》 / 155

第十一章 节目主持 / 157

第一节 新闻评论节目 / 157
拾金不昧要不要回报（节选） / 157

寻找失去的声音（节选） / 160

不要使孩子成为流浪儿（节选） / 161

第二节 社会服务节目 / 164
致台湾一位女中学生（节选） / 164

神州旅游——介绍台湾名岳玉山 / 166

钱塘大潮 / 168

文艺日历——陆游 / 169

谈谈灵感 / 170

第三节 电视综艺节目 / 171
春节联欢晚会主持人串联词（节选） / 171

欢腾除夕夜 京城不夜天（节选） / 172

金色时光特别节目（节选） / 172

第十二章 文艺作品演播 / 174

第一节 诗 歌 / 174
观沧海 / 174

石壕吏 / 175

雨霖铃 / 175

念奴娇·赤壁怀古 / 176

木兰诗 / 176

怀抱 / 177

小草 / 177

小花 / 178

笑吧 / 179

乡愁 / 180

梅岭三章 / 181

致橡树 / 181

　　　　再别康桥　/ 183

　　　　亲爱的宝贝，妈妈永远爱你(节选)　/ 184

　　　　我的爸爸(节选)　/ 185

第二节　散　文　/ 188

　　　　家乡的桥　/ 188

　　　　愿化泥土(节选)　/ 189

　　　　谈骨气　/ 191

　　　　人生是一种境界　/ 193

　　　　春　/ 194

第三节　小说片段　/ 195

　　　　立　论　/ 195

　　　　一个官员的死(节选)　/ 196

　　　　玉娇龙(节选)　/ 199

第四节　寓　言　/ 200

　　　　猴王吃瓜　/ 200

　　　　陶罐和铁罐　/ 201

　　　　天鹅羽毛　/ 202

　　　　人生的秘诀　/ 203

　　　　好强的公鸡　/ 203

第五节　笑　话　/ 204

　　　　脸就是面　/ 204

　　　　普京理发　/ 204

　　　　老外吃粽子　/ 205

　　　　老鼠学狗叫　/ 205

　　　　身不由己　/ 205

　　　　踏浪与踏青　/ 205

　　　　聪明的三毛　/ 205

　　　　桥与粮　/ 206

　　　　鸡腿　/ 206

　　　　五十年的秘密　/ 206

第十三章　影视配音　/ 207
第一节　人物对白　/ 207
　　　　雷雨(片段)　/ 207
　　　　简·爱(片段)　/ 210
　　　　王子复仇记(片段)　/ 212
　　　　甄嬛传(第 72 集片段)　/ 214
第二节　广告词　/ 216
　　　　贵州旅游　/ 216
　　　　无锡灵山　/ 216
　　　　洋河梦之蓝　/ 216
　　　　洋河蓝色经典　/ 216
　　　　新盖中盖牌钙片　/ 216
　　　　龙丰方便面　/ 216
　　　　雕牌肥皂　/ 217
　　　　父母是孩子最好的老师　/ 217
　　　　E 人 E 本　/ 217

参考书目　/ 218
后　记　/ 219

绪 论　播音主持专业课程教学指导原则与教学方法

随着传媒业的发展,播音主持艺术备受青睐,我国高等院校普遍开设了播音与主持艺术专业。如何培养与社会需求相适应的播音主持专业人才,已成为当务之急。首先必须明确播音主持专业人才的培养目标,即培养适应中国社会主义现代化建设要求,具有深厚的语言文学素养和广阔的文化视野,具有一定的新闻学、传播学学科基础,能在广播电台、电视台及其他影视传媒机构,从事播音主持、影视动画配音、节目策划、新闻采访与编辑等相关工作的高级应用型人才。完成这一教学任务,除具备科学的人才培养方案、较强的专业教师队伍、合理的课程设置和完备的教学设备外,还需要科学的、系统的、适用的教学原则和教学方法。

研究、探讨播音主持专业课程的教学指导原则与教学方法,是为了提高播音主持专业的教学质量,实现播音主持专业人才的培养目标。

一、播音主持专业课程教学指导原则

1. 专业理论的科学性与播音创作的实践性相结合

我国播音界的老一辈播音员,在半个多世纪的播音实践中,经过艰苦的探索,总结出了播音风格。齐越先生的《我的业务观点》(十条)形成了科学的创作思想,虽然时代有所不同,"但齐越的播音创作思想对于当今的播音主持从业人员都是值得学习、继承和借鉴的。齐越教授的《我的业务观点》(十条)仍闪烁着播音创作理论的光辉,指引我们播音工作前进的方向"。① 改革开放以来,在专业理论研究方面,播音主持艺术也逐渐形成了理论体系。张颂先生是播音理论重要的奠基人之一,他的《播音创作基础(第三版)》等著作"吸收了前人的经验,融合了大家的智慧和相关学科的前沿成果",《中国播音学》及其他理论著作"建构了合目的、合规律的独特理论体系"。②

播音主持专业的理论和实践紧密结合,"一定要给学生一个完整的理论体系,让学生对学科的理论体系有一个完整的认识"。"凡是在播音实践上有大的造诣和建树的播音员主持人,他们都有一套完整的创作理念。原来中央台的播音前辈们,如老一辈的齐越、夏青、林田、葛兰、林如,包括后来的铁城、方明、虹云、雅坤等,每人都有一整套创作思想。没有这些我们称作理论、理念的东西作指导,实践就会盲目,就会跟风,创作也不会有高水平,或者只知其然不知其所以然。对我们的教师来说这一点就更重要了。在重视理论的同时,也应重视实践。要率先垂范、以身试'法'。以身试'法'就是要通过自己的实践来印证自己讲的方法是有效的。只讲理论是不行的,天桥的把式光说不练是不能胜任教学的。所以,理论要和实践很好地结合。"③

要善于把具有前瞻性的理论研究成果运用到教学实践中,如金重建的《播音创作主体论》中的理论观点在已往的著作中涉及不多。"广播电视的大众传播特征,决定了传播主体在话筒、镜头前的语言创作不同于日常工作和生活中的谈天说地。有了创作自觉产生的基础,面对不同的创作依据,传播主体所能激发的创作灵感就有驰骋的创作空间,又不会失去表达实践的指向与归宿。"④所以,张颂先生在为该书所作的序言中指出:"自觉成了我们这个新兴学科、交叉学科的灵魂"。"因此,播音创作必然是创作主体的创造性劳动过程,亦即在创作欲望支配下的、自觉的能量释放过程。"⑤在播音主持"金话筒"大赛和电视节目主持人大赛中,涌现了一批播音主持精品。所有这些都是从实践中总结、

---

① 石雨:《论齐越播音创作思想》,《永不消逝的声音:缅怀齐越教授专辑(一)》,北京广播学院出版社1997年版,第63页。
② 张颂:《播音创作基础(第三版)》,中国传媒大学出版社2011年版,第1页。
③ 付程:《播音与主持艺术专业教学指导原则与教学方法》,《播音主持教学法十二讲》,中国传媒大学出版社2005年版,第70—71页。
④ 金重建:《播音创作主体论》,中国广播电视出版社2008年版,第14页。
⑤ 金重建:《播音创作主体论》,中国广播电视出版社2008年版,第1页。

升华的播音主持理论用以指导播音主持创作实践的丰硕成果,是专业理论的科学性与播音创作的实践性相结合的丰硕成果。

但目前,播音专业的学生重视实践、轻视理论的现象非常普遍。如上辅导课时出勤好于上理论课,口试考试成绩明显高于笔试考试成绩。这说明学生对专业理论的重要性缺乏足够的认识,而用理论指导实践的能力也就显得不足,播音主持作品的质量也受到影响。同时,也反映了专业教师理论知识掌握得还不够,在理论与实践的结合上功夫下得还不够。

2.传播专业知识与培养专业技能并重

高等院校的播音主持艺术专业必须完成两大基本任务:一是使学生系统地学习掌握播音主持专业基础理论知识,二是使学生受到系统的语言训练并掌握语言技能。

从中国传媒大学(原北京广播学院)1963年开设新闻播音专业至今,已有50多年的历史。在学科建设上,播音主持还是一门年轻的专业,但发展迅速,基本形成了自己的理论体系。

如何把传授专业知识与培养语言技能结合起来,对教师而言,就要对专业理论有深刻的认识、理解和运用。教师应将专业理论讲得深入浅出、准确到位,并在示范中体现出理论的指导效果。教师只需要肯定学生正确的地方,指出学生错误的地方,而不能主观地叫学生必须这样播,不能那样播。要给学生发展、创新的空间,避免学生都是一个"模子"刻出来的。学生要将专业理论知识学透、学扎实,并在实践中反复加深理解,而不是专业理论与专业实践"两层皮",所学理论用不上。

3.师生互信与教学相长相统一

播音教学特别是小课教学辅导是一种亲传口授的教学形态,是一对一的指导,这就要求教师与学生形成良好的信任关系。

"决定一个人在艺术上是否能有大的造诣,起决定作用的就是两点:一个是看他的基本功怎么样,再一个就是看他的为人处世,即怎么做人。如果不能使学生在人格上钦佩你,老师又如何能说服学生呢?"[①]同样,教师没有过硬的基本

---

① 付程:《播音与主持艺术专业教学指导原则与教学方法》,《播音主持教学法十二讲》,中国传媒大学出版社2005年版,第81页。

功,做不出让学生佩服的示范,教师在学生心目中的形象也会大打折扣。

教学相长是使教师与学生共同提高。"教师应勤于钻研,走在理论队伍的前列,密切关注学科前沿的发展变化,在专业方面有发言权,能得到第一线的首肯,并经常带来新的信息,研究新问题,让学生少走弯路,适应实践不断提出的新要求的同时,使学生对自己的教学产生信任感,教师也更加自信。"[①]学生要学到真知识、练出真本领,就必须向教师学习。教师也要向学生学习,因为学生更易于接受新生事物,有较强的创新能力。

4. 主导式教学与互动式教学相结合

所谓主导,即处于主要地位并引导事物向一定方向发展。主导式教学就是在教学过程中,教师处在主导的地位,引导教学。在课堂上,教师必须掌控授课的内容和进程。主导式教学要做到两个公开:课程进度公开和阶段教学意图公开,并为互动式教学做好铺垫。主导式教学要求教师必须认真备课,讲课要生动、幽默,要有激情,才能吸引学生。主导式教学绝不是教师在课堂上尽情"表演",更不是"填鸭式"的一言堂。主导式教学必须与互动式教学相结合,才能取得课堂教学的最佳效果。

互动式教学是教师在教学过程中与学生互相交流、默契配合。一是在教学中找到与学生互动的切入点。二是引导学生对问题展开讨论,教师进行恰当的引导。三是学生配合教师在课堂上做示范。

5. 提高教学效率与提高教学质量同等重要

小课是将大课讲授的理论在小课中具体化、形象化的一个过程。小课教学的难点是,学生不可能一起做练习,老师也不可能同时做辅导。一对一的教学特点,决定了只能一对一地进行辅导。

在辅导一个学生时,要让其他同学都参与进来。例如,对一个同学的辅导时间不要太长。当一个同学朗读作品时,让其他同学参与点评。要布置作业,有了更多数量的积累,质量也就提高了。

6. 把专业实践与社会实践结合起来

专业实践首先是课堂实践活动,但由于课时少、学生多,所以,课堂实践不能

[①] 红岩:《与吴郁老师谈播音教学法》,《播音主持教学法十二讲》,中国传媒大学出版社2005年版,第269—270页。

完全达到教学要求。为了弥补课堂实践的不足,学生应加强课后训练。课后训练时间应是课堂实践时间的3至5倍。换句话说,每个学生课堂实践可能只有10分钟左右,课后练习要一个小时左右。除课堂实践、课后训练外,学生也可以把校园广播台、电视台作为专业实践的场所。

社会实践包括两个方面,一是到媒体去学习、实践,熟悉工作环境,提高专业能力。二是通过媒体到社会上体验生活。

从时间段上,学生的社会实践特别是专业社会实践,大体上可以这样:大一"按兵不动"。有的学生大一期间就跃跃欲试到媒体去主持节目,而忽略了专业课的学习,这是得不偿失的。大二"稍有松动"。学生可利用业余时间到媒体,参加有利于提高专业水平的社会活动。大三"灵活机动"。学生可适当接触用人单位,为就业做好铺垫。大四"全面启动"。学生应把实习和找工作结合起来。

二、播音主持专业课程教学方法

1. 播音主持专业课程教学模式

播音主持专业课程教学基本采用大课讲授知识——小课辅导训练——课后练习的教学方式。

(1)大课讲授知识

大课讲授由主讲老师讲授本课程的理论知识,也可邀请专家做专题讲座。大课理论讲授要符合科学性、知识性、指导性的要求,避免理论性过强、抽象概念论述过多,要体现理论对实践的指导意义。要通过实例将理论讲活,要有"掰开皮说馅"的本事,深入浅出。如示范时,"要用有声语言、体态语等多种手段的讲述,充分营造出尽量接近真实的场景气氛,帮助学生体会"。"示范可以稍微夸张以便于学生理解、体会和形象记忆。"[①]教师通过举例、示范,克服理论课的枯燥,提高学生的学习兴趣。第一线的播音员主持人可以"现身说法",使学生认识到学习专业理论知识的重要性。

---

① 熊征宇:《马桂芬老师谈播音教学法》,《播音主持教学法十二讲》,中国传媒大学出版社2005年版,第286页。

"我们提倡大课精讲,不要怕在课上练习会占用大课的时间,因为许多理论知识学生可以通过看书而获得、理解。大课最核心的东西还是有利于学生转化为能力方面的内容。"①不同阶段的大课,授课方法也不一样,有的大课可以带有小课色彩,例如结合作品说明理论的运用。

(2)小课辅导训练

小课辅导训练的目的是消化大课讲授的专业理论,使学生将理论应用于实践。小课教室应配备录音机、录像机等设备。

小课辅导训练要注意以下几点:

①将专业理论融入语言训练,避免语言训练只注重技巧训练。

②稿件训练要先易后难、先少后多,逐渐加大训练量。

③统一稿件和自选稿件结合,以统一稿件为主,从统一稿件中看出学生的差别。

④先声音后形象,把话筒前播音和镜头前播音结合起来。

⑤采用"解剖麻雀"的方法,互听、互看、互评、互学。

⑥学生可以有不同的意见。

⑦不要按固定模式要求和训练学生。

⑧对学生提出的要求具体、现实,避免抽象。

(3)课后练习

课后练习是对小课辅导训练的补充,一方面完成教师留给学生的课后训练作业,一方面可在实验室完成录音、录像等训练内容。

课后练习最好是学生之间结成对子,互帮互学。并且,老师应当给予课后指导。

2.播音主持专业课程教学方法

播音主持专业课程教学方法可概括为"讲与练紧密结合",这是由本专业的特点所决定的。根据教学指导原则与教学规律,可采用以下几种教学方法:

(1)四结合教学法

四结合教学法是指讲授与示范相结合、示范与辅导相结合、辅导与演练相

---

① 付程:《播音与主持艺术专业教学指导原则与教学方法》,《播音主持教学法十二讲》,中国传媒大学出版社 2005 年版,第 84 页。

结合、演练与作品相结合。

①讲授与示范相结合

教师应结合具体的作品,向学生讲解基础理论、传授专业技能,教师应通过示范使学生对理论的运用有感性的认识。示范有三种方法:一是讲课教师示范。这需要教师具备深厚的语言功底,能真正起到示范作用。二是播放优秀播音主持作品进行示范。最好选择有代表性的、有影响力的播音主持名家的作品。三是由表现突出的学生现场示范或播放他们的习作。

②示范与辅导相结合

在小课辅导过程中,结合具体稿件,教师要对训练作品进行示范播读,或是全篇,或是片段。这种示范可以在学生训练前,也可以在学生训练过程中,边辅导、边示范,使学生真切地感受到教师是怎样理解、感受、表达作品的。

③辅导与演练相结合

由专业教师制定稿件训练要求,由上课教师制定演练提示。对有代表性的或难度大的稿件要"抠"得细一点,研究得深一点。演练必须认真、投入,形成良好的创作状态。进入演播间录制节目时应一气呵成,不能断断续续,以免养成不好的习惯。

④演练与作品相结合

演练可以分步进行,并结合作品进行整体训练。例如,可以教师规定话题,也可以学生自选话题,评述结合。开始可叙述 4 分钟,评述 1 分钟;随后可叙述 3 分钟,评述 2 分钟;最后叙述 2 分钟,评述 3 分钟。这个过程可在一个学期内完成,反复的训练会使学生的语言能力有明显提升。

(2)回环渐进法

在教学过程中,常常出现这样的情况,当一门课程已经结束,进入下一门课程时,前一门课程存在的问题在下一门课程中仍然存在,甚至还很明显。如学生在第二学期的播音发声课、即兴口语表达课,第三学期的播音创作基础课的学习过程中,还会出现第一学期的普通话语音的问题。这就说明,有些学生的语音问题需要 2—3 个学期才能解决。在后续课程的训练中,要继续解决前面课程遗留的问题。同样,在播音创作基础课上,学生学习了播音创作的要求、规律、语言技巧,但在后续的文体播音课、广播电视节目主持课中,仍需要消化、巩固这些知识。

所以,播音主持专业教学既需要循序渐进,更需要回环渐进,这既体现了课程的独立性,又体现了课程的融合性。回环渐进是一种科学的、有效的方法,使课程前后衔接、各有侧重。

"回环"又分为"大回环"和"小回环"。"大回环"指课程与课程衔接过程中,围绕专业知识和专业能力提高的综合过程;"小回环"指在某一课程中训练过程的某种反复,以强化和巩固训练成果。

例如一个学生的方音很重,在一个小回环中不可能解决语音问题,必须在大回环中,继续解决这个问题。"老师和学生都不要太急躁,一定要掌握正确的部位、正确的方法,要让他找到这个部位,然后,反复地重复,也许一万遍不成,一万零一遍就成了,一定要建立起一个新的条件反射,才能取代原有的发音习惯。"[①]

(3)快速推进法

一些学生语言感悟能力较强,教学过程可以适当快速推进。教师可以为基础较好的学生单独制定教学实践课的内容,加大训练难度。

"有人说,初学者想创新,就像不会走路的儿童想跑似的,不切实际。这个看法无异于画地为牢,不许初学者越雷池一步,当然是不全面的。不会走就想跑,看到了走是跑的基础,是对的,但跑一下,更可以体会到掌握身体平衡的重要,对走不是有好处吗?初学者思想活跃,最少保守,怎么不会给播音带来一点儿生活气息呢?甚至带来一点儿新颖的表达,也是可能的。"[②]

基于这种考虑,在大二的主持人即兴口语课上,可以让学生做一些小栏目的主持训练。如果大三、大四才安排节目主持课,那时候才训练学生如何做栏目就太晚了。这种快速推进不是盲目的,也不是背离教学计划要求的。

(4)练"说"与练"写"

要改变播音主持艺术专业的学生只练说、只会说,不会写或不善写、懒得写的现状。不能只用现成的稿件练习语言表达,否则很难提高即兴口语的表达能力。所以学生既要练说,也要练写,说写结合。吴郁把"说"与"写"的关系分析得十分透彻,她说:"说"与"写"都应重视,不过,这里有一个体现的问题。"写"

---

① 吴弘毅:《播音与主持艺术专业普通话语音教学法》,《播音主持教学法十二讲》,中国传媒大学出版社2005年版,第104页。
② 张颂:《播音创作基础(第三版)》,中国传媒大学出版社2011年版,第160页。

是为了更好地"说",而"说"应以"写"作为一个重要的训练手段,教师要求学生善于在生活中发现问题、积极思考,形之于文字,然后,通过专业训练更好地诉诸"说"。①

"抽题主持"训练可以从"写"到"说"练起,"抽题主持"以记叙为主,以议论为辅。可循序渐进,先按已经写好的练习稿背着说,然后再按提纲说,最后,只打腹稿。此后既可把提纲作为腹稿,也可记住几个要点,这样,就能做到依次有序的练习,把书写的文字稿或提纲,变为说讲式的口语作文。②

播音主持专业的新闻采访与写作课一般安排在大三,但在教学过程中,不必等到大三才练写,大二的主持人即兴口语课就可以让学生自己写稿。正如张颂先生在为《主持人即兴口语训练》一书所作的序言中所指出的,我们尤其要注重话语主体的人文修养和知识储备。阅读名篇佳作、当众朗诵一定要"积铢累寸"、"集腋成裘";捕捉新鲜话题、提高写作能力一定要"眼观六路"、"下笔千言"。③

(5) 鉴赏与模仿

提高对播音主持艺术精品的鉴赏力,是提高播音主持专业学生创造力的重要途径,开设播音主持精品赏析课是提高学生专业素质和修养的重要环节,"并帮助学生建立准确的专业评价标准,树立正确的语言创作观和有声语言审美评价标准"。"通过鉴赏力的提高,能够促进学生有声语言创造力的提升。"④

"模仿是许多艺术借以流传的手段之一。播音表达学习中,回避它、排斥它,不一定妥当。模仿中,可以是死的、机械的、表面的,如从声音音色、句式处理等单纯模仿,就会走入死胡同,即齐白石所谓'学我者生,似我者死'。但模仿中也可以是活的、灵动的、深化的,如从情声变化、语势推进等自觉模仿,就能开拓心境,增益其所不能。"⑤

在鉴赏与模仿的过程中,要把握以下几点:

①鉴赏的作品一定是播音主持艺术精品。

②鉴赏作品的领域要宽泛一些。

---

① 红岩:《与吴郁老师谈播音教学法》,《播音主持教学法十二讲》,中国传媒大学出版社2005年版,第270页。
② 卓燕生:《播音与主持艺术》,内蒙古大学出版社2007年版,第204—205页。
③ 应天常、王婷:《主持人即兴口语训练》,中国传媒大学出版社2009年版,序言,第2页。
④ 王宇红:《有声语言鉴赏课的性质、作用及教学理论研究》,《播音主持艺术(9)》,中国传媒大学出版社2009年版,第95、98页。
⑤ 张颂:《播音创作基础(第三版)》,中国传媒大学出版社2011年版,第160页。

③从不同角度欣赏名家名作的特点、风格、特色。

赏析精品不能只依靠赏析课，要使学生处于艺术氛围中，耳濡目染，提高自己的欣赏水平。

教学法的研究和运用还可以按课程进行，如"普通话语音教学法"、"播音发声教学法"、"即兴口语表达教学法"、"播音创作基础教学法"、"新闻播音教学法"、"节目主持教学法"等。

每个教师的教学经历不同、学识修养不同，对播音主持教学也有不同的领悟，应采取不同的教学方法。如果能形成教学团队，共同研讨，将会促进学科的发展。

张颂先生曾说："我们主张不断地创新、发展，将来我们学院派也会有不同的学派，比如吉林学派、上海学派、南京学派等等，不同学派的林立，说明这个学科的兴盛，应该鼓励呼唤这种学派林立的情况，使我们的教育得到大的发展。""我们都要成为有声语言的典范，谁都向我们学习，谁都要向我们借鉴经验，这对其他学科也是一种贡献。"[①]

[①] 张颂：《中国播音学发展论》，《播音主持教学法十二讲》，中国传媒大学出版社2005年版，第31—32页。

第一部分

基础理论

第一章　播音概论

第一节　播音员的地位与作用

关于播音的定义,张颂先生作了如下阐述:"播音,是广播电视传播中话筒前、镜头前进行的有声语言(包括副语音)创作"。① 广义的播音是指电台、电视台等电子传媒所进行的一切有关声音语言和副语言传播信息的活动。狭义的播音是指播音员主持人运用有声语言和副语言通过广播电视传媒进行传播信息的创造性活动。

1955 年 3 月在全国播音业务学习会上,时任国家广播局局长的梅益同志指出:"播音员是向千千万万的人进行宣传鼓动的党的宣传员。"在随后的全国优秀广播节目欣赏会上,时任中央人民广播电台的艺术指导齐越发表了"播音是一种具有独立性的语言艺术创作"的重要观点。

播音员的地位与作用,可以从以下几个方面加以说明。

一、喉舌之位

我国广播电视的公有制性质,决定了广播电视为全体人民所有。我国社会

---

① 张颂:《播音创作基础(第三版)》,中国传媒大学出版社 2011 年版,第 3 页。

主义建设的各项事业,都是在中国共产党的领导下进行的,广播电视作为具有强大影响力的新闻舆论工具,尤其要置于党的领导之下。所以说,广播电视是党、政府、人民的喉舌。而具体体现这一喉舌作用的,正是在话筒前、镜头前工作的播音员主持人。回顾历史,在苏联人民反法西斯的伟大斗争中,著名播音员尤里·列维丹铿锵有力的播音鼓舞了人民,震慑了敌人。1947年5月,毛泽东同志对报道"蟠龙大捷"的那位播音员给予了高度赞扬:"这个女同志好厉害,骂起敌人来义正词严,讲到我们的胜利很能鼓舞人心,真是爱憎分明,这样的播音员要多培养几个。"[1]播音员要忠诚于党的广播电视事业,要明确作为党、政府、人民的喉舌作用的职业特点,要满腔热情地宣传党的政策,赞美时代的精神风貌。

二、前沿之地

一般来说,广播电视传播信息的速度要快于报纸。目前,许多电台、电视台采用直播的方式传播新闻信息,更是报纸所望尘莫及的。播音员处在传达政令的最前沿,责任重大,必须树立时间观念。

广播电视是线性传播,播出差错几乎是无可挽回的。因此,播音员必须具有高度的责任感。一是备稿要细心、充分,在准确上下功夫;二是播音时精神集中,发现错误及时改正。

三、中介之序

一个节目如果没有播音员主持人的串联,几乎不成其为节目。因而,主持人成为节目不可缺少的组成部分。无论节目自身如何精彩,没有播音员主持人的精心串联,都是不完整的。

四、联系之带

广播电视是党和政府联系人民群众的纽带和桥梁。播音员主持人起到了

---

[1] 《电波上的新中国,是怎样诞生的》,《解放日报》2014年10月5日。

上情下达的作用。如果说在传达政令方面,新闻节目主要是上传下达,那么,一些专题节目,如《焦点访谈》"讲述老百姓自己的故事",就是下情上传。

五、媒体之标

从某种意义上讲,播音员主持人是广播电视节目的生命力所在,是电台、电视台等媒体的门面,是"台标"。例如,中央电视台《新闻联播》的几位播音员被誉为"国脸"。一个节目能否成功,很重要的一点,就是播音员主持人是否被受众所接受、所喜欢。

第二节 媒体有声语言表达类别

媒体有声语言泛指广播电视网络等媒体节目中,以播音员主持人为创作主体的有声语言。媒体有声语言既包括广播电视节目中以稿件为创作依托的有声语言,也包括在没有稿件依托的情况下,主持人与嘉宾、受众进行现场交流的即兴口语。

在新闻播音和节目主持中,将这两者结合起来的语言表达形式普遍存在。例如,新闻播音的播说式,是在以往的播报式的基础上发展起来的。在谈话节目、综艺节目中,主持人都要将规定稿件变成自己的语言表达出来,既要实现创作者的创作意图,又要体现主持人的个性风格。

媒体有声语言表达类别可分为以下几类:(1)文本加工式;(2)播说结合式;(3)背诵主持式;(4)即兴说评式;(5)配音解说式;(6)访谈问答式。

一、文本加工式

文本加工就是我们常说的有稿播音,有稿播音不是念字出声,也不是一般意义上的照本宣科,它是要经过二度创作才能形成的崭新的有声语言形态。

例如早期的中央人民广播电台《空中之友》节目中徐曼对台湾同胞广播,有一期节目是播出致台湾一位女中学生的信,稿件作者是王德枫,但徐曼把稿件变成了自己要说的话,没有一点稿件播读的痕迹。将稿件变成有声有色、声情并茂的广播电视口语,需要主持人艰苦的创造实践。

二、播说结合式

播说结合式是新闻类播音继传统播音(宣读式和播报式)后被认可的新型语言样式,多用于民生新闻或谈话类节目。

改革开放后,广播电视节目一改过去以播为主的语言形态,节目的内容和形式发生了深刻变化。这期间,也出现了对传统播音的"否定",这是对我国播音发展历史缺乏了解、对播音艺术的继承和创新关系缺乏辩证认识的偏颇之见。

播说结合式具有以下特点:(1)庄重大方、亲切自然;(2)语速偏快、语调偏轻;(3)单向传播。

在谈话类节目中,"说"的成分会偏多,同时,也有"播"的成分。需要指出的是,有的主持人语言过于随意,语速过快,吐字不清,口头语过多,就是忽视了"播"。

三、背诵主持式

背诵主持是指以现成的稿件为依托主持节目,多用于大型的、庄重的政治性活动,例如香港回归庆祝活动。主持一些大型文艺晚会时,主持人也可以有一定的即兴语言表达。中央电视台综艺节目主持人朱军和董卿,在主持大型文艺节目时,表现出极强的驾驭文本的能力,能将大段大段的稿件有声有色地、流畅地表达出来。

背诵主持式要把握以下几点:

(1)背诵稿件是基础和前提

要记忆、理解稿件,只有把稿件内容变成自己的表达,才能避免"念稿"。

(2)调控现场气氛

主持节目时,主持人必须营造与观众沟通交流的氛围。例如 2009 年 9 月 24 日至 29 日,中央电视台举办系列歌曲演唱会《歌声飘过 60 年——献给祖国的歌》,主持人管彤、张泽群情感丰富、声音富有韵味,营造了与现场观众交流、沟通的氛围。

管　彤:亲爱的观众朋友们,您现在收看的是庆祝中华人民共和国成立60周年特别节目《歌声飘过60年——献给祖国的歌》系列歌曲演唱会。

张泽群:今天我们的歌声将伴随你回顾20世纪70年代。在上个世纪70年代《我爱北京天安门》这首歌,也许是中国人最熟悉的一首歌。在很长一段时间里,只要你翻开小学一年级的课本,第一课就是《我爱北京天安门》的歌词:"我爱北京天安门,天安门上太阳升。伟大领袖毛主席,指引我们向前进。"

管　彤:这歌词我们大家都太熟悉不过,这首歌表达了少年儿童对毛主席的热爱。这之后,无论是外国元首来访的招待演出,还是中国艺术团到外国访问演出,都会把这首充满童稚的歌曲作为保留曲目。

(3)主持人默契配合

在背诵式主持中,主持人之间很难进行互动和交流。主持人之间应默契配合,例如相互间侧身的动作、眼睛余光的扫过等。

(4)主持人充满激情

背诵式主持常用于重大活动和大型场面,这种场合要求主持人必须声情并茂,而这需要以良好的声音和稳健的气息为依托。

四、即兴评说式

即兴评说式有以下几个特点:
(1)思辨性

主持人的语言要有思辨性,合情合理、自圆其说,体现出思维的缜密,要使人得到教益和启发,并留有思考的余地。

(2)故事性

主持人的语言要有故事性,例如清楚地讲述故事的来龙去脉、绘声绘色地描述人物语言等。

(3)互动性

受众不喜欢主持人口若悬河、夸夸其谈,不喜欢主持人进行说教,他们更乐意与主持人在平等的氛围中,敞开心扉地进行沟通与交流。

五、配音解说式

广义的配音解说包括广播电视节目、影视剧、动画片的配音与解说。一般来讲,配音解说式具有文本加工的成分,也有自身的语言表达特点。

(1)声音富有弹性和个性

无论是广播文艺节目,还是电视专题片(新闻专题、文艺专题),解说者的声音应该是美的,这美的声音就是富有弹性和个性的声音。

解说词必须插进音乐、画面、剧情之中,这就要求解说者的声音具有弹性和个性特点。弹性主要表现为声音的柔韧性,这种柔韧性是在声音放松的状态下,适当增加三腔共鸣取得的。

(2)情感内敛、含蓄

内敛,是指情感不强烈;含蓄,是指情感不直白。解说词不能过分夸张,否则易给人喧宾夺主的感觉。

(3)语气变化"若进若出"

解说词穿插在整个节目之中,这就决定了各段解说词的语气变化"若进若出"。以音乐舞蹈《采山》的解说词为例。

①《采山》这个舞蹈,以生动形象的舞蹈语汇,描绘了一幅具有林区生活特色的情景。

②深秋的长白山,风光瑰丽,一片金黄。山道上跑来一位活泼的少女。

……

③姑娘踏上了细长的独木桥。

④眼望长白秋色,果实累累,姑娘心里充满了喜悦,她赶忙放下背筐,开始采摘。

⑤哎,那儿的蘑菇真多呀!哟,这儿的五味子多红啊!

首先要明确各段解说词是"主"还是"从",从而决定语气的色彩变化。①解说语——若出;②③④解说词——若进;⑤剧中人物语——进入。这就是老播音员常说的"进进出出"。在把握这一"进进出出"的具体的语气变化时,我们要特别注意整体的和谐统一。

(4)解说词、画面、音乐相辅相成

以电视专题片为例,画面是电视专题片的主干,解说词和音乐受画面内容的制约,对画面起解释、补充、烘托、丰富等作用,三者应相辅相成。

六、访谈问答式

这里的访谈问答式是指主持人在演播室对邀请的嘉宾进行的访谈、与记者进行的新闻连线。

访谈是一门艺术。中央电视台《半边天》主持人张越在谈到访谈嘉宾的体会时说:"嘉宾是千姿百态的人,每个人都有自己的人格魅力。他平时是藏着的,你要在很短的时间内很集中地给他引出来,让人们看到一个有个性的人。我相信我是真诚的,我相信人性是相通的。"

要想问得好,需要注意以下几点:(1)对采访嘉宾有一定的了解,了解得越全面,提问才能得心应手、游刃有余。(2)保持一种平等的心态,尊重被采访者,在与嘉宾的交流中产生心灵的共鸣。(3)善于聆听,在聆听中更好地提问。(4)巧妙地使用"打断"技巧,避免被采访者谈话的冗长、跑题。

第三节　播音主持语言表达样式

一、宣读式

宣读式常用于重要新闻稿件的播读,例如主席令、公告、通告、讣告、通知、电文等。

这类稿件意义重大,在行文上字斟句酌、言简意赅。因此播读时,不允许做口语化处理,必须一字不差地照本宣科。因稿件内容的不同,播读时感情色彩、语速会有明显的不同。一般由资深新闻主播宣读这类稿件。

二、播报式

播报式的特点是朴实大方、语句工整、清晰流畅、声音明快、节奏适中,多用于广播电视消息类新闻稿件。

采用这种表达样式时,气息控制能力和口腔控制能力十分重要。气息的快进快呼呈现的稳劲和均匀,在语流行进过程中字音在口腔的快速形成,需要长期的训练。我们可以从播报几百人名单的一气呵成中,感受到播报式的语言功力。

三、播讲式

播讲式的特点是情感丰富、错落有致、起伏跌宕、刚柔得体、多用于通讯尤其是人物通讯。通讯不仅具有新闻性,而且具有形象性、生动性和多样性特点。

播讲式要求播讲者具有丰富的想象力和情感的调控力,具有强烈的表现欲和对象感。

四、评论式

评论式是播音员主持人或以稿件为依托,或现场评论,引导社会舆论,具有较强的新闻性、政策性、指导性、针对性。

评论式的特点是观点鲜明、逻辑严谨、层次清晰、语势平稳、分寸恰当。播音员主持人要根据所评论问题的性质、范围和影响,把握好政策分寸和感情分寸。

五、播说式

播说式是广播电视节目,特别是新闻类和谈话类节目中运用最广泛的一种语言形式。一般说,新闻节目播的成分多一些,其他节目说的成分多一些。播说式的重要特点是语言的流畅和快捷。

播说式语言形式的运用,与节目内容有关,也与播音员主持人的性格、语言风格有关。

六、交谈式

主持人和受众在交谈中沟通思想、传递信息,建立起平等的关系。交谈式的口语化明显,语言亲切、自然、鲜活。

交谈式节目多为主持人与嘉宾对话的形式,例如,中央电视台沈竹主持的《央视财经评论》节目、陈伟鸿主持的《对话》节目。

七、自述式

自述式是指播讲者以第一人称转述作品中"我"的故事、表达"我"的情感。自述式不仅适用于散文特写、电视文学等作品,也适用于广播电视新闻性专题节目。自述式的特点是语言质朴、语调平和。

运用自述式,要以"我"的情感确定基调,并使"我"的情感贯穿全篇,充分展现"我"的内心世界。

八、评话式

评话式是采用播讲和借鉴评书语言形式的一种新型有声语体。由于这种语言形式常用于通讯播音中,有人称它为评话通讯。

评话式的特点是语言错落有致、起伏跌宕、刚柔得体、形象生动,具有固定程式。语言虽有一定的渲染成分,但不失真。中央电视台财经频道王凯主持的《财富故事会》,具有评话式特点。

九、解说式

解说是指解释和说明。解说式常用于文艺广播剧解说、电视剧旁白配音、电视专题片解说、体育节目解说等,起到解释、说明、补充、丰富、推进节目的作用。

解说式的基本要求是:(1)解说要和音响、画面有机配合;(2)不能喧宾夺主,始终把握解释、说明的基本要求。

十、朗读式

在广播电视节目中,常常播出一些诗歌和散文作品。近几年,中央电视台组织的每年一次的新年新诗会,多由电视台节目主持人朗诵诗歌作品。

朗读式的基本要求是抒发情感、体现诗意、悠扬舒展,以求达到音美、情美和意境美的语言艺术效果。

十一、演播式

这里所说的演播,是"演"和"播"的结合。电视节目主持人的现场主持也具有演播的特点,都是演播式语言运用的范畴。

演播式要求适当改变音色,以适应表现人物和拟人化的要求。演播式主要采用音高、音强、音长、音色、音速的巧妙变化,对声音进行修饰。

第二章　普通话语音

第一节　普通话语音概述

一、普通话语音的性质

1. 物理性质

任何声音都是由物体振动而引起的,物体振动所形成的声波刺激听觉神经,形成人耳所感觉到的声音。人的声音是由声带振动共鸣器官而产生的,具有音高、音强、音长、音色的特征,即语音四要素。

2. 生理性质

语音是由人的发音器官发出来的,是发音器官进行活动的结果,离开发音器官就不可能产生语音。发音器官是语音发声的生理基础,也是语音存在的物质前提。因此,了解发音器官的构造和功能,就可以从生理的角度分析语音的发音过程。

3. 社会性质

语音是代表一定意义的声音,因而具有社会性。语音的社会性首先表现在声音和语意的关系上,其次表现在不同语言(或方言)各自独立的语音系统上。

二、普通话语音的基本概念

汉语普通话是以北京语音为标准音,以北方话为基础方言,以典范的白话文著作为语法规范的现代汉民族共同语。

1. 音节

音节是听觉上能感受到的最自然的语音单位,是听觉上最容易分辨的音段,由一个或几个音素按一定规律组合而成。一般来说,汉语中一个汉字就是一个音节,每个音节由声母、韵母和声调三个部分组成。

2. 音素

音素是构成音节的最小语音单位。普通话中共有 32 个音素,其中元音音素 10 个,辅音音素 22 个。一个音节一般由一至四个音素构成。

3. 音位

音位是语音中具有区别意义的最小的语音单位。

4. 元音

又称母音,是音素的一种。发音时,气流在口腔中不受明显阻碍,呼出气流较弱,发音器官肌肉均衡紧张,声带颤动,声音响亮清晰。

5. 辅音

又称子音,是音素的一种。发音时,气流在口腔中明显受到阻碍,呼出气流较强,发音器官对气流构成阻碍的部分肌肉紧张,大部分辅音发音时声带不颤动。

6. 舌位

发元音时,舌面隆起最高点即最接近上腭的一点,即近腭点。

7. 舌位动程

在发复合元音的韵母时,舌位的前后、高低和唇形的圆展发生连续移动的变化过程。例如,发"来(lái)"时,a 的舌位动程是由前低 a 起音,向前高音 i 滑动。

第二节 声母

一、声母概说

1. 什么是声母

声母就是汉语音节开头的辅音。普通话声母共有 21 个,包括 b、p、m、f、d、t、n、l、g、k、h、j、q、x、zh、ch、sh、r、z、c、s。声母性质上必须是辅音,位置上必须在音节的开头。如"天安门(tiān ān mén)"这三个音节中,t 和 m 是声母,an 没有声母,因为 a 不是辅音,n 是辅音,但不在音节开头。

汉语音节结构一般包括声母和韵母两部分,少数音节只有韵母,没有声母。如果音节开头的音素不是辅音而是元音,我们就称这样的音节为"零声母",例如"安(ān)"、"欧(ōu)"、"宇(yǔ)"。

2. 声母和辅音的关系

(1)任何一种语言都有辅音,声母是汉语独有的。

(2)声母是从分析汉语音节结构的角度提出的概念,辅音是从分析音素性质的角度提出的概念。

(3)在汉语中,声母都是辅音,而辅音不一定就是声母,如"南(nán)",前后都有辅音 n,开头的 n 做声母,后面的 n 与元音 a 一起做韵母。可见,辅音运用范围比声母大。汉语普通话里的辅音除 ng 不能充当声母外,其余的辅音都可以充当声母。

二、声母的分类

1. 根据发音部位

(1)双唇音:由上唇和下唇闭合构成阻碍,共 3 个,包括 b、p、m。

(2)唇齿音:下唇和上齿靠拢构成阻碍,只有 1 个 f。

(3)舌尖前音:舌尖与上齿背接触或接近构成阻碍,共 3 个,包括 z、c、s。

(4)舌尖中音:舌尖与上齿龈接触构成阻碍,共 4 个,包括 d、t、n、l。

(5)舌尖后音:舌尖与硬腭前端接触或接近构成阻碍,共 4 个,包括 zh、ch、sh、r。

(6)舌面音:舌面前部与硬腭前部接触或接近构成阻碍,共 3 个,包括 j、q、x。

(7)舌根音:舌根与硬腭、软腭的交界处接触或接近构成阻碍,共 3 个,包括 g、k、h。

2. 根据发音方法

(1)根据形成和消除阻碍的方法不同,普通话声母可分以下五类。

①塞音:发音时,构成阻碍的两个部位紧紧闭拢,阻住气流通路,然后气流冲破阻碍,爆破成声,共 6 个,包括 b、p、d、t、g、k。

②擦音:发音时,构成阻碍的两个部位接近,不完全闭拢,中间留有缝隙,气流从缝隙中摩擦而发出声音,共 6 个,包括 f、h、x、sh、s、r。

③塞擦音:发音时,构成阻碍的两个部位完全闭拢,接着气流冲开一条缝隙,然后,从这条缝隙中挤出,摩擦成声,共 6 个,包括 j、q、z、c、zh、ch。

④鼻音:发音时,口腔当中构成阻碍的部分完全闭合,软腭下降,打开鼻腔通路,气流振动声带,从鼻腔流出,形成鼻音,共 2 个,包括 m、n。

⑤边音:发音时,软腭上升,阻住鼻腔通路,舌尖抵住上齿龈,但舌头两边留有空隙,气流振动声带,气流从两边的空隙出来,只有 1 个 l。

(2)根据照气流的强弱,普通话声母中的塞音和塞擦音可分为送气音和不送气音两类。

①不送气音:发音时,呼出的气流较弱,共 6 个,包括 b、d、g、z、zh、j。

②送气音:发音时,呼出的气流较强,共 6 个,包括 p、t、k、c、ch、q。

(3)根据声带是否振动,普通话声母可分为清音和浊音两类。

①清音:发音时,声带不振动,普通话 21 个辅音声母中,绝大多数是清音,共 17 个,包括 b、p、f、d、t、g、k、h、j、q、x、zh、ch、sh、z、c、s。

②浊音:发音时,声带振动,浊音共 4 个,包括 m、n、l、r。

表1-1 普通话声母发音要领

发音方法 发音部位	塞音		塞擦音		擦音		鼻音
	清音		清音		清音	浊音	浊音
	不送气音	送气音	不送气音	送气音			
双唇音	b	p					m
唇齿音					f		
舌尖中音	d	t					n
舌根音	g	k			h		
舌面音			j	q	x		
舌尖前音			z	c	s		
舌尖后音			zh	ch	sh	r	

三、声母的发音

1. 双唇音 b、p、m

b

［发音要领］

发音时，双唇闭拢，软腭挺起，关闭鼻腔通道，声带不振动，让较弱的气流突然冲开双唇的阻碍成声。

［词语练习］

步兵　颁布　奔波　冰雹　阜鄙　北边　报表　宝贝　褒贬　标本　辨别

p

［发音要领］

发音方法与 b 相近，不同的是发 p 时有一股较强的气流冲开双唇。

［词语练习］

乒乓　拼盘　品评　评判　澎湃　偏旁　批评　劈啪　排炮　匹配　琵琶

m

［发音要领］

发音时，双唇闭拢，软腭下降，打开鼻腔通道，气流从鼻腔出来，同时振动声带。

[词语练习]

秘密　埋没　美满　明媚　买卖　盲目　麻木　满目　面貌　迷茫　牧民

2. 唇齿音 f

f

[发音要领]

发音时，下唇向上齿靠拢，形成间隙，软腭上升，关闭鼻腔通道，声带不振动，气流从唇齿之间的间隙摩擦通过成声。

[词语练习]

丰富　发奋　方法　肺腑　仿佛　纷飞　福分　反复　防范　非凡　伏法

3. 舌尖前音 z、c、s

z

[发音要领]

发音时，舌尖向上轻轻抵住上齿背，软腭上升，关闭鼻腔通道，声带不振动，让较弱的气流冲开阻碍形成间隙，气流从间隙中摩擦成声。

[词语练习]

自尊　总则　罪责　走卒　祖宗　做作　宗族　再造　最早　在座　自在

c

[发音要领]

发音方法与 z 相近，不同的是用较强的气流冲破阻碍。

[词语练习]

猜测　粗糙　措词　催促　参差　层次　仓促　摧残　苍翠　曹操　草丛

s

[发音要领]

发音时，舌尖接近上齿背，形成间隙，软腭上升，关闭鼻腔通道，声带不振动，气流从间隙中摩擦成声。

[词语练习]

松散　琐碎　诉讼　色素　思索　三思　搜索　缫丝　酸涩　洒扫　四散

4. 舌尖中音 d、t、n、l

d

[发音要领]

发音时,舌尖抵住上齿龈,软腭上升,关闭鼻腔通道,声带不振动,较弱的气流冲破舌尖和上齿龈的阻碍成声。

[词语练习]

导弹　等待　道德　单调　顶点　达到　颠倒　典当　淡定　动荡　电灯

t

[发音要领]

发音发法与 d 相近,不同的是用较强的气流冲破阻碍。

[词语练习]

贪图　探讨　吞吐　厅堂　团体　梯田　听筒　图腾　淘汰　疼痛　探讨

n

[发音要领]

发音时,舌尖抵住上齿龈,软腭下降,打开鼻腔通道,气流从鼻腔出来,同时振动声带。

[词语练习]

牛奶　泥泞　农奴　男女　南宁　扭捏　恼怒　能耐　呢喃　袅娜　拿捏

l

[发音要领]

发音时,舌尖抵住上齿龈后部,软腭上升,关闭鼻腔通道,声带振动,气流从舌头两边通过。

[词语练习]

嘹亮　冷落　力量　理论　罗列　拉拢　留恋　玲珑　联络　料理　流量

5. 舌尖后音 zh、ch、sh、r

zh

[发音要领]

发音时,舌尖向上抵住硬腭前端成阻,软腭上升,关闭鼻腔通道,声带不振动,让较弱的气流冲破阻碍,从间隙中摩擦成声。

[词语练习]

政治 忠贞 住宅 庄重 周转 追逐 主张 茁壮 战争 斟酌 专著

ch

[发音要领]

发音方法与 zh 相近,不同的是从间隙里呼出的气流较强。

[词语练习]

穿插 车床 充斥 长城 春潮 驰骋 踌躇 惩处 惆怅 橱窗 传承

sh

[发音要领]

发音时,舌尖向上翘起,舌尖向上接近硬腭前端成阻,留出间隙,软腭上升,关闭鼻腔通道,声带不振动,气流冲破阻碍,从间隙中摩擦成声。

[词语练习]

杀伤 山水 赏识 少数 神圣 手术 闪烁 射手 史诗 事实 商厦

r

[发音要领]

发音方法与 sh 相近,不同的是声带振动。

[词语练习]

柔韧 仍然 忍让 软弱 荣辱 容忍 荏苒 濡染 闰日 融入 荣任

6. 舌面音 j、q、x

j

[发音要领]

发音时,舌面前部抵住硬腭前部成阻,软腭上升,关闭鼻腔通道,声带不振动,然后把舌面放松一点儿,舌面前部离开硬腭前部形成间隙,气流从间隙中摩擦成声。

[词语练习]

阶级 季节 嘉奖 坚决 积极 经济 焦急 境界 寄居 机警 简洁

q

[发音要领]

发音方法与 j 相近,不同的是通过的气流较强。

[词语练习]

亲切　恰巧　崎岖　秋千　请求　强权　情趣　齐全　前期　鹊桥　蹊跷

x

[发音要领]

发音时,舌面前部抬起,接近硬腭前部,形成间隙,软腭上升,关闭鼻腔通道,声带不振动,让气流从间隙中摩擦成声。

[词语练习]

虚心　形象　下乡　学习　闲暇　新鲜　休息　纤细　唏嘘　遐想　行星

7. 舌根音 g、k、h

g

[发音要领]

发音时,舌根隆起抵住硬腭和软腭交界处成阻,软腭上升,关闭鼻腔通道,声带不振动,较弱的气流冲破阻碍成声。

[词语练习]

改革　巩固　骨干　桂冠　瓜葛　灌溉　光顾　尴尬　感官　国歌　故宫

k

[发音要领]

发音方法与 g 相近,不同在于用较强的气流冲破阻碍。

[词语练习]

困苦　宽阔　可靠　克扣　慷慨　坎坷　苛刻　开垦　刊刻　刻苦　空壳

h

[发音要领]

发音时,舌根隆起接近硬腭和软腭交界处成阻,形成间隙,软腭上升,关闭鼻腔通道,声带不振动,让气流从间隙摩擦通过成声。

[词语练习]

欢呼　辉煌　航海　花卉　黄河　怀恨　憨厚　辉煌　洪湖　呵护　划痕

第三节　韵母

一、韵母概说

韵母是汉字音节中声母后面的部分。韵母主要由元音构成，有些韵母由元音和鼻辅音构成。能够构成韵母的鼻辅音只有 n、ng 两个，并且只作为韵尾出现。

韵母可以分成三个部分，即韵头、韵腹和韵尾，也分别叫作介音（头音）、主要元音和尾音。构成韵母的元音中开口度最大、声音最响亮的那个元音叫韵腹，韵腹前面的元音是韵头，韵腹后面的元音或辅音是韵尾。一个韵母可以没有韵头或韵尾，但是不能没有韵腹。普通话共有 39 个韵母。

二、韵母的分类

1. 根据韵母的结构

（1）单韵母：由一个元音音素构成的韵母，共 10 个，包括 a、o、e、ê、i、u、ü、-i（前）、-i（后）、er。

（2）复韵母：由两个或三个元音组成的韵母，共 13 个，包括 ai、ei、ao、ou、ia、ie、ua、uo、üe、iao、iou、uai、uei。

（3）鼻韵母：元音音素后面附带一个鼻辅音作为韵尾的韵母，共 16 个，包括 an、en、in、ün、ian、uan、üan、uen、ang、eng、ing、ong、iang、uang、ueng、iong。

2. 根据韵母开头元音的发音口形

（1）开口呼：韵母不是 i、u、ü，或不以 i、u、ü 开头的韵母，有 15 个，包括 a、o、e、ai、ei、ao、ou、an、en、ang、eng、ê、-i（前）、-i（后）、er。

（2）齐齿呼：韵母是 i 和以 i 为韵头的韵母，有 9 个，包括 i、ia、ie、iao、iou、ian、in、iang、ing。

（3）合口呼：韵母是 u 和以 u 为韵头的韵母，有 10 个，包括 u、ua、uo、uai、uei、uan、uen、uang、ueng、ong（ong 中的 o 在发音时更接近 u，所以将其归入合口呼）。

(4)撮口呼:韵母是 ü 和以 ü 为韵头的韵母,有 5 个,包括 ü、üe、üan、ün、iong(iong 的发音带有圆唇动作,唇形与 ü 开头的韵母没有太大的差别,所以将其归入撮口呼)。

三、单元音韵母的发音

1. 舌面单元音韵母 a、o、e、ê、i、u、ü

a

[发音要领]

口腔自然打开,舌体自然放平,舌尖接触下齿龈,舌面中部偏后微微隆起,双唇展开。发音时,声带振动,软腭上升,关闭鼻腔通路。

[词语练习]

打靶　大厦　邋遢　奔拉　沙发　刹那　砝码　打岔　拉萨　啪嗒　杀伐

o

[发音要领]

口腔半闭,唇自然拢圆,舌体后缩,舌面后部略隆起与软腭相对,舌面两边微卷,舌面中部稍凹,舌位后半高。发音时,声带振动,软腭上升,关闭鼻腔通路。

[词语练习]

伯伯　饽饽　婆婆　泼墨　嬷嬷　默默　窝窝　卧佛　馍馍　磨破　脉脉

e

[发音要领]

口腔半闭,展唇,舌头后缩,舌面后部隆起与软腭相对,舌面两边微卷,舌面中部稍凹,舌位后半高。发音时,声带振动,软腭上升,关闭鼻腔通路。

[词语练习]

隔阂　合格　社科　客车　特色　折射　苛刻　割舍　隔热　色泽　车辙

ê

[发音要领]

口腔半开,展唇,舌尖微触下齿背,舌面前部隆起和硬腭相对。发音时,声带振动,软腭上升,关闭鼻腔通路。

在普通话中，ê 除了用于语气词"欸"外，一般不单用。ê 不与任何辅音声母相拼，只出现在复韵母 ie、üe 中，并在书写时省去上面的附加符号"^"。

i

[发音要领]

口腔微开，唇扁平，嘴角向两边展开，上下齿相对，舌尖接触下齿背，舌面前部隆起和硬腭前部相对。发音时，声带振动，软腭上升，关闭鼻腔通路。

[词语练习]

笔记　地契　霹雳　洗涤　鄙弃　细腻　习题　厘米　集体　奇迹　仪器

u

[发音要领]

口腔微开，双唇收拢成圆唇，稍向前突，舌头后缩，舌面后部高度隆起和软腭相对。发音时，声带振动，软腭上升，关闭鼻腔通路。

[词语练习]

补助　督促　辜负　瀑布　图谱　出租　数目　鼓舞　出入　葡萄　逐步

ü

[发音要领]

口腔微开，双唇撮成扁圆，略微向前突，舌尖抵下齿背，舌面前部隆起与硬腭前部相对。发音时，声带振动，软腭上升，关闭鼻腔通路。

[词语练习]

聚居　序曲　区域　寓居　雨具　旅居　曲率　须臾　豫剧　吕剧　律吕

2. 舌尖单元音韵母 -i(前)、-i(后)

-i(前)

[发音要领]

口腔微开，嘴角向两边展开，舌尖和上齿背相对，保持适当距离。发音时，声带振动，软腭上升，关闭鼻腔通路。此韵母只出现在声母 z、c、s 的后面。

[词语练习]

自私　字词　此次　赐死　自此　子嗣　四次　刺字　次子　四子　孜孜

-i(后)

[发音要领]

口腔微开,嘴角向两边展开,舌前端抬起和硬腭前部相对,保持适当距离。发音时,声带振动,软腭上升,关闭鼻腔通路。此韵母只出现在声母 zh、ch、sh、r 的后面。

[词语练习]

实施　智齿　知识　食指　制止　事实　迟滞　日食　指示　史诗　适时

3.卷舌单元音韵母 er

er

[发音要领]

口腔自然打开,舌位不前不后、不高不低,舌前部上抬,舌尖向后卷向硬腭,但不接触。发音时,声带振动,软腭上升,关闭鼻腔通路。

[词语练习]

洱海　儿歌　耳朵　儿时　而立　耳郭　而已　尔雅　儿男　二审　儿戏

四、复韵母的发音特点

发单韵母时,唇形、舌位基本固定不变,声音的响点也基本固定在一个位置上。而发复韵母时,要从第一个音素向第二个音素或者再向第三个音素的位置变化移动,声音的响点也随之变化移动。

第四节　声调

一、声调概说

1.什么是声调

声调就是一个音节声音高低升降的变化。一个汉字就是一个音节,所以,声调也称为字调。

2. 声调的特征

声调主要取决于音高,声调的音高是相对的,但又不是随意变化的。所谓相对,是说不同人群的声调有所不同,例如,女性、儿童音高比男性、老人高一些。就是同一个人情绪和身体情况的变化,也会导致音高发生变化。人声的声调与音乐是不同的,音乐中音阶的高低是绝对的、不变的,例如,降 B 调、降 E 调。

声调的高低、升降是逐渐滑动的,这种滑动与重音、情感有关,但保持原声调的调值是基本的,滑动中的调值变化是有限的。

二、声调的调类与调值

1. 调类

调类是指对声调的分类。普通话声调可以分为 4 个调类,分别是阴平、阳平、上声和去声。

2. 调值

调值是指声调高低、升降、曲直的变化,也就是声调的实际读法。调值通常采用五度标记法记录。用一条竖线坐标表示声音的高低,由下至上表示声音由低到高,分为五度,即低、半低、中、半高、高,分别用 1、2、3、4、5 来表示(如图2-1)。

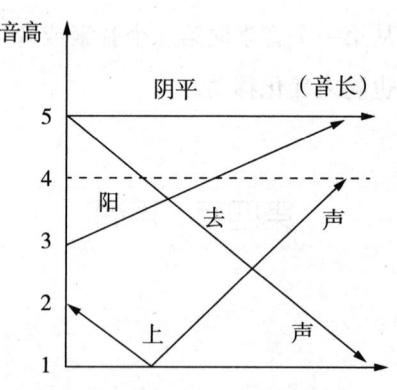

图 2-1　普通话声调五度标记法

这种声调标记法对初学者克服声调不到位很有必要。但实际的声调调值不完全是这样,图 2-2 所示为录声仪对普通话声调调值所做的记录。

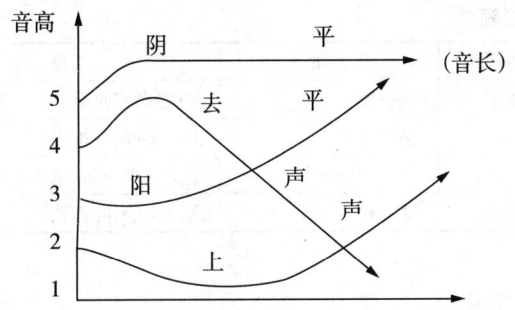

图 2-2　普通话声调调值

从美学角度看,直线表示刚劲,曲线表示柔和,波状线表示轻快流畅。以曲线为主,辅以直线的声调,能较好地体现普通话语音特色,形成清晰、舒展、优美、刚柔相济的语音。

三、声调发音要领与发音变化

1. 声调发音要领

(1)阴平

阴平,高平调,调值为 55。发音保持高而平直,起止音高都是 5 度,没有明显的升降变化,实际的发音起音之后略升高一点,末尾稍有一点降的趋势。全调时值比上声、阳平略短,比去声稍长。

(2)阳平

阳平,高升调,调值为 35。发音起音由中高音 3 度逐渐上升到高音 5 度。全调时值比阴平、去声稍长,比上声略短。

(3)上声

上声,降升调,调值为 214。上声是四声中唯一有明显变化的声调,先降后升,发音时半低起调,由 2 度下降到 1 度稍作停留,然后上升到半高音 4 度,到最后变成一种升高趋势。全调时值在四个声调中最长。

(4)去声

去声,全降调,调值为 51。发音时由最高的 5 度迅速地降到最低的 1 度,干脆而不拖沓。全调时值在四个声调中最短。

表 1-2　声调发音要领

	声调	声带	气息	例子
阴平	高平	紧→紧	多(稳劲充足)	威
阳平	高升	稍紧→紧	少→多(向上推进)	维
上声	降升	稍紧→松→紧	稍多→少→多(沉下扬起)	伟
去声	全降	紧→松	多→少(一吐而快)	为

2. 声调发音变化

要使字有神,就要在播读声调时,使声、情、气和调值的高低、长短、轻柔有轻微的变化。这种变化使字由"死"变"活"、由"静"变"动"。

(1)声调的变化受前后字调的影响,两字相连,第一个字的声调不如第二个字声调充分。

(2)声调在语言流动过程中,调值或延长或缩短。

如:改造的"改",调值由 214 变成 212。"美妙的歌声","歌"的高平调值缩短,"声"的高平调值延长。"味道好极了","道"的声调调值缩短,"极"的声调调值延长。

(3)在保持原声调的基础上,声调服从语调变化的需要。

如:"他受了点轻伤"和"轻伤不下火线"中,"伤"是高平调,但这两个句子中"伤"的声调并不相同。前一个"伤"字声调的调值比后一个"伤"字声调的调值偏低。

[字词练习]

阴阴	播音	参加	中央	西安	攻关	开发	歌声	插秧	东风
阴阳	新华	光明	关怀	阿姨	高炉	发达	装潢	江南	英雄
阴上	宣讲	思想	哄抢	编导	争取	沧海	装满	青草	师长
阴去	庄重	供应	充分	丰盛	勘探	机械	车票	功课	枪炮
阳阴	国家	联欢	长征	农村	南方	人参	菊花	爬山	崎岖
阳阳	楼房	繁华	白云	团结	联合	人民	离别	直达	原则
阳上	肥美	疗养	牛奶	民主	遥远	平等	华北	泉水	难免
阳去	责任	结业	图画	情愿	愉快	牢靠	澎湃	嘹亮	淘汰
上阴	老师	起居	体贴	早餐	指标	广播	统一	纺织	转播
上阳	厂房	表决	彩霞	礼堂	指南	迥然	改革	取材	组合

上上	感染	检点	爽朗	抖擞	展览	允许	抢险	表演	雨伞
上去	响亮	想象	履历	准确	小麦	铁路	损坏	侥幸	法制
去阴	贯穿	内因	第一	认真	贵宾	相机	外观	蜜蜂	矿山
去阳	价值	向前	赤诚	自然	电台	调查	会谈	运河	幸福
去上	夜晚	序曲	刻苦	药品	记载	自给	地理	运转	外语
去去	电视	状况	训练	认错	庆幸	命令	账目	会议	号召

第五节 语流音变

在语流中,由于受到相邻音节的相邻音素的影响,一些音节中的声母、韵母和声调会发生语音的变化,称为语流音变。我们通常所说的变调、轻声、儿化等都属于语流音变。

一、词的轻重格式

在普通话和各地方言中,双音节或多音节词的各个音节会有约定俗成的轻重强弱的差别,这就是词的轻重格式。短而弱的音节称为轻,长而强的音节称为重,介于二者之间的称为中。正确处理词的轻重格式,是普通话规范标准的表现。在实际应用中,有时出于表达的需要或者受到语句的制约,词原有的轻重格式可能会被打破。

1. 双音节词

(1)中重

老师	起居	体贴	早餐	指标	广播	统一	纺织
厂房	表决	彩霞	礼堂	指南	迥然	改革	取材
感染	检点	爽朗	抖擞	展览	允许	抢险	表演
响亮	想象	履历	准确	小麦	铁路	损坏	法制

(2)重中

传统	触觉	记者	视力	风气	春天	人口	标准
突然	含蓄	事业	要求	素淡	工人	节目	爱戴

动作　设备　况且　干部　错误　作家　堕落　浪漫
颤动　脉络　现象　变化　情感　素材　价值　干净

(3) 重轻

兄弟　买卖　灯笼　姑娘　露水　疏忽　石头　喇叭
朋友　学问　西边　痛快　裁缝　棉花　瞧着　家里
下面　外边　听听　试试　走走　葡萄　玻璃　暖和
漂亮　锁头　房子　晚上　唾沫　财主　云彩　外头

2. 三音节词

(1) 中轻重

展览馆　葡萄酒　摩托车　看不起　不得了　来不及
小字辈　红领巾　扑克牌　看得见　好得很　听不见

(2) 中重轻

命根子　火筷子　一下子　小伙子　老大爷　硬骨头
小妹妹　枪杆子　没关系　一路上　牛脾气　老伙计

(3) 中中重

办公室　图书馆　播音员　无线电　电视剧　赞美诗
哈尔滨　内蒙古　石家庄　北戴河　佳木斯　海南岛

3. 四音节词

(1) 中轻中重

兵强马壮　山穷水尽　千锤百炼　心直口快　山盟海誓
逆水行舟　妙手回春　热火朝天　调虎离山　奋起直追

(2) 中重中重

安居乐业　张灯结彩　四通八达　半斤八两　耳濡目染
国泰民安　轻歌曼舞　翻江倒海　心猿意马　开源节流

(3) 重中中重

木已成舟　敬而远之　多此一举　相形之下　大海捞针
背水一战　安之若素　百无一失　面如土灰　寄人篱下

二、儿化

儿化是语流音变的一种脱落现象，er 作为词缀在其他音节的后面，表示前面音节的韵母在发音时，加上一个卷舌动作成为卷舌韵母，这就是儿化韵。它不是一个独立的音节。

1. 儿化的作用

(1) 区别词义

头(脑袋)—头儿(领头儿人)　　信(信件)—信儿(口信)

(2) 区别同音词

邮票—油票儿　　拉练—拉链儿

(3) 区别词性

尖(形容词)—尖儿(名词)　　盖(动词)—盖儿(名词)

(4) 表示细小或可爱

药片儿　肉丝儿　饭勺儿　零钱儿　脸蛋儿　鲜花儿

2. 儿化的发音要领

(1) 韵母或韵尾为 a、o、e、u，儿化时在韵母后加卷舌动作。

a—ar	刀把儿	小马儿	腊八儿	打杂儿
ia—iar	脚丫儿	掉价儿	豆芽儿	一下儿
ua—uar	牙刷儿	脑瓜儿	麻花儿	笑话儿
o—or	泡沫儿	歪脖儿	耳膜儿	土坡儿
uo—uor	饭桌儿	做活儿	小说儿	邮戳儿
ao—aor	红包儿	花猫儿	绝招儿	灯泡儿
iao—iaor	跑调儿	豆角儿	开窍儿	火苗儿
e—er	模特儿	打嗝儿	唱歌儿	唠嗑儿
u—ur	泪珠儿	没谱儿	有数儿	媳妇儿
ou—our	老头儿	纽扣儿	小丑儿	衣兜儿
iou—iour	抓阄儿	顶牛儿	加油儿	石榴儿

(2)韵母为单元音 i、ü，儿化时韵母不变，加卷舌动作。

i—ier	玩意儿	针鼻儿	小鸡儿	封皮儿
ü—üer	小曲儿	痰盂儿	毛驴儿	有趣儿

(3)韵母或韵尾为 ê，或者韵母为舌尖元音 -i(前)、-i(后)，去掉 ê 和 -i，韵母变为央 e[ə]，加卷舌动作。

ie—ier	树叶儿	小鞋儿	台阶儿	锅贴儿
üe—üer	主角儿	正月儿	空缺儿	旦角儿
-i(前)—er	瓜子儿	写字儿	没词儿	挑刺儿
-i(后)—er	锯齿儿	果汁儿	记事儿	汤匙儿

(4)韵尾为 i、n(in、ün 除外)，儿化时去掉韵尾，在主要元音上加卷舌动作。

ai—ar	小孩儿	名牌儿	小菜儿	刘海儿
uai—uar	一块儿			
ei—er	宝贝儿	刀背儿	眼泪儿	抹黑儿
uei—uer	一会儿	耳垂儿	墨水儿	香味儿
an—ar	包干儿	门槛儿	老伴儿	旗杆儿
ian—iar	一点儿	小辫儿	牙签儿	琴弦儿
uan—uar	茶馆儿	拐弯儿	大腕儿	火罐儿
üan—üar	手绢儿	烟卷儿	汤圆儿	杂院儿
en—er	一阵儿	嗓门儿	大婶儿	鞋跟儿
uen—uer	打盹儿	一捆儿	砂轮儿	嘴唇儿

(5)韵母为 in、ün，儿化时去掉韵尾 n，在主要元音 i、ü 后加卷舌动作。

in—ier	有劲儿	送信儿	背心儿	脚印儿
ün—üer	合群儿	一群儿		

(6)韵尾为 ng 的韵母，去掉韵尾 -ng，使主要元音鼻化，再加卷舌动作。

ang—ãr	肩膀儿	香肠儿	帮忙儿	瓜瓢儿
iang—iãr	花样儿	鼻梁儿	官腔儿	透亮儿
uang—uãr	眼光儿	蛋黄儿	天窗儿	打晃儿
eng—ẽr	脖颈儿	板凳儿	钢镚儿	田埂儿
ueng—uẽr	小瓮儿			
ing—iẽr	小名儿	电影儿	门铃儿	图钉儿

ong—õr　　果冻儿　　酒盅儿　　抽空儿　　胡同儿

iong—iõr　　小熊儿　　叫穷儿　　蚕蛹儿

3. 儿化的运用

(1)在儿化字的主要元音上做卷舌动作时,这个儿化字的声调不变。

(2)儿化韵的卷舌动作,一要灵活,二要适度。

(3)轻音一般不儿化。

(4)人名、地名、厂名等专有名词不儿化。

(5)表示深沉、凝重的词语一般不儿化。

(6)表示大的、重的、多的、坚固的词语一般不儿化。

(7)字面上没有标明儿化,但应儿化的,播读时要加上儿化韵。

[绕口令练习]

百货食杂店儿

你别看这么个小门脸儿,

你别看屋子不大点儿,

你别看摆设不起眼儿,

这是我家开的百货食杂店儿。

有火柴儿,有烟卷儿,

有背心儿,有褥单儿,

有盆儿,有勺儿,也有碗儿,

针头线脑儿小玩意儿,

有豆芽儿,有蒜苗儿,

有菜花儿,有肉馅儿。

不用走多远儿,

小店就在家跟前儿。

三、轻声

1. 什么是轻声

普通话的每一个音节都有它的声调,可是在词或句子里,许多音节常常失去原来的声调而变成一个又轻又短的调子,这种音变现象叫轻声,又叫轻音。它是语流音变中的弱化现象。

2. 轻声的作用

(1)区别词义

东西(方向)—东西(物体)　　大意(大概)—大意(疏忽)

兄弟(兄和弟)—兄弟(弟弟)　　是非(正与错)—是非(矛盾)

(2)区别词性

买卖(动词)—买卖(名词)　　人家(名词)—人家(代词)

(3)表达细腻、贴切的思想感情

春天像小姑娘,花枝招展的,笑着,走着。

3. 轻声的变读规律

(1)结构助词

除结构助词"所"(例如"为人所笑")之外,其他所有助词(语气助词、结构助词、时态助词)都读轻声。

①语气助词:啊、吗、呀、呢、吧、哪、哇

②结构助词:的、地、得

③时态助词:着、了、过

(2)名词后缀

名词后缀例如"子、们、儿、头"等都读轻声。

桌子　房子　椅子　木头　码头　锁头　鸟儿　虫儿　花儿

(3)方位词

方位词附着在其他词或词组后面,表示时间、处所时,一般读轻声。

外边　下面　外面　里面　屋里　地上　底下　门外　窗台上

(4)趋向动词

趋向动词经常用在其他动词或形容词的后面,作为这个动词或形容词的补语,一般读轻声。

进来　出去　下来　躲开　脱下来　拿过去　说下去　站起来　走进去

(5)一些名词或动词的重叠部分

爸爸　姐姐　妈妈　哥哥　奶奶　听听　瞧瞧　看看　走走

(6)词和词之间的"一"和"不"

想一想 看一看 瞧一瞧 走一走 来不来 去不去 买不买 玩不玩 好不好

(7)约数

三个来月 个把月

(8)做宾语的人称代词

我请你 你别叫他 妈妈接我 去看他 想起你

(9)常用双音词的第二个音节

麻烦 商量 窗户 奴才 明白 萝卜 吆喝 包袱

4.轻声的发音要领

(1)在阴平后面读半低调(2度)

称呼 包袱 巴掌 麻烦 朋友 玫瑰 窟窿 嘟囔

(2)在阳平后面读中调(3度)

脾气 糊涂 馒头 咳嗽 狐狸 拾掇 琢磨 累赘

(3)在去声后面读低调(1度)

丈夫 会计 报酬 设计 利索 废物 嫁妆 干事

(4)在上声后面读半高调(4度)

椅子 斧子 早晨 喇叭 脊梁 马虎 使唤 铁匠

四、变调

两个音节连读,其中一个音节的调值变得与原有调值不同,称为变调。最常见的就是上声变调和"一""不"的变调。

1.上声变调

(1)上声在非上声(阴平、阳平、去声、轻声音节)前面变成半上,调值由214变为半上声211。

上声+阴平	响声	简单	捕捉	倒戈	底薪	陡坡	广州	请缨
上声+阳平	取得	史实	等闲	属于	斐然	海豚	审题	水池
上声+去声	挑战	丑态	顶撞	耳郭	讽谏	哽咽	哄骗	取悦
上声+轻声	首饰	打听	笸箩	补丁	掸子	抖搂	眨巴	铁匠

(2) 两个上声相连，前一个上声调值由 214 变为接近 35。

古典　粉笔　礼品　美好　解码　警醒　冷眼　彩纸
举止　懒散　整理　撵走　婉转　祈祷　警犬　稳妥

(3) 三个上声相连，末尾的上声不变调，开头、中间的上声音节变调，分为两种情况：

第一种情况叫"双单格"结构，即"2+1"结构，词组中前两个音节关系密切，这时开头、中间的上声音节变调为 35，最后一个音节维持原调 214。

脚底板　处理品　管理组　洗脸水　导火索　彩纸厂　舞美表

第二种情况叫"单双格"结构，即"1+2"结构，词组中后两个音节关系密切，这时开头音节读作"半上"，调值为 211，中间的音节近似阳平，变调为 35，最后一个音节维持原调 214。

好小伙　很腐朽　老首长　吐口水　好想法　老保守　老好人

2."一、七、八、不"的变调

"一、七、八、不"这四个字单用读原调，但在语流中，因语言环境的不同，它们的声调会发生变化。"一、不"按规律变，"七、八"则少变或不变。

在过去的"七、八"变调要求中，"七、八"后是去声，将"七、八"变成近似阳平的音，如"七度、八度"。在实际运用中，感到不变为好，所以"七、八"基本都读原调。

(1)"一、不"在去声前读阳平。

一个　一辆　一部　一路　一道　一半　一并　一定　一度　一律　一再
不变　不去　不干　不对　不换　不幸　不论　不愧　不再　不屑　不适

(2)"一"在阴平、阳平、上声前读去声，"不"读原调。

在阴平前：一般　一天　一生　一身　一心　一端　一厅
　　　　　不安　不光　不屈　不花　不公　不关　不羁

在阳平前：一行　一时　一连　一齐　一团　一条　一年
　　　　　不成　不凡　不良　不然　不行　不服　不敢

在上声前：一统　一体　一起　一早　一举　一草　一脸
　　　　　不美　不久　不朽　不许　不仅　不好　不法

(3)"一、不"在单用和句尾时读原调。

十一　单一　唯一　第一　我不　这不

(4)"一、不"在两个相同的动词或形容词之间读轻声。

瞧一瞧　看一看　问一问　试一试　好不好　美不美　玩不玩

五、语气词"啊"的音变

语气助词"啊"单独或者作为叹词放在句首,应该发 a,但如果出现在句末用作语气助词,常会受到前面音节末尾音素的影响而产生音变。

(1)前面音节的韵母或韵母的尾音是 a、o(ao、iao 除外)、ê、e、i、ü 时,读成 ya。

老马啊　什么啊　汽车啊　大鱼啊　好多啊　哥哥啊　阿姨啊

(2)前面音节的韵母或韵母的尾音是 u(包括 ao、iao),读成 wa。

羊皮袄啊　牛仔裤啊　在哪住啊　到没到啊　这么多啊　要不要啊

(3)前面音节的韵母或韵母的尾音是 n、ng 时,一般加 a。

多好看哪　快开门啊　好好干啊　不行啊　注意听啊　可真凶啊　好漂亮啊

(4)前面的音素是－i(前)时,读成 za。

去一次啊　找死啊　别撕啊　第一次啊　高工资啊　四十四啊　在写字啊

(5)前面的音素是-i(后)时,读成 ra。

快织啊　快吃啊　不好使啊　这么迟啊　是不是啊　是事实啊　李同志啊

第六节　普通话语音训练

一、绕口令

绕口令训练的目的是训练唇舌的灵活度。练习时可以快读,也可以慢读,以快读为主,但要吐字清晰,不能吃字,不能含混不清。快而清是绕口令训练的基本要求。

1. 声母

八百标兵(b、p)

八百标兵奔北坡,

炮兵并排北边跑。

炮兵怕把标兵碰,

标兵怕碰炮兵炮。

八棵白果树(g)

白八老爷门前栽了八棵白果树,

打北边来了八个白八哥,

八个白八哥落在八棵白果树上。

白八老爷拿了八个巴达棍,

要打八个白八哥,

不知白八老爷打了八棵白果树,

还是打了八个白八哥。

哥挎瓜筐过宽沟(g、k)

哥挎瓜筐过宽沟,

赶快过沟看怪狗。

光看怪狗瓜筐扣,

瓜滚筐空哥怪狗。

牛郎恋刘娘(n、l)

牛郎年年恋刘娘,

刘娘连连念牛郎。

牛郎恋刘娘,

刘娘念牛郎,

郎恋娘来娘念郎。

政治是政治(zh、sh)

政治是政治,

事实是事实,

知识是知识,
同志是同志,
老师是老师,
女士是女士。

四是四,十是十(sh、s)

四是四,十是十,
十四是十四,
四十是四十,
谁能说准四十、十四、四十四,
谁来试一试。
谁说十四是四十,
就打谁十四,
谁说四十是细席,
就打谁四十。

2. 韵母

满山遍野是红旗(i)

一二三、三二一,
一二三四五六七,
七六五四三二一,
六五四三二一,
五四三二一,
四三二一,
三二一,
二一,
一个一,
一个一个数不尽,
满山遍野是红旗,
红旗插进咱山寨,
山寨辗转展红旗。

学语言用语言(ü)

学语言,用语言,
学好语言说话不费难,
播音员学语言,
说话亲切又自然。
演员学语言,
台词传得远。

长扁担,短扁担(an)

长扁担,短扁担,
长扁担比短扁担长半扁担,
短扁担比长扁担短半扁担。
长扁担捆在短板凳上,
短扁担捆在长板凳上。
长板凳不能捆比短扁担长半扁担的长扁担,
短板凳也不能捆比长扁担短半扁担的短扁担。

一座棚傍峭壁旁(ang)

一座棚傍峭壁旁,
峰边喷泻瀑布长。
不怕暴雨瓢泼冰雹落,
不怕寒风扑面雪飘扬。
并排分班翻山攀坡把宝找,
聚宝盆里松柏飘香百宝藏。
背宝奔跑报矿炮劈山,
篇篇捷报飞伴金凤凰。

吐字归音歌(综合)

学好音韵辨四声,
阴阳上去要分明。
部位方法要找准,
开齐合撮属口形。

双唇班报必百坡，
舌尖当地斗点丁，
舌根高狗工更固，
舌面积结教尖精，
翘舌主争真志照，
平舌资则早在增，
擦音发翻飞分复，
送气茶柴产彻称，
合口苏武枯壶古，
开口河坡哥安争，
撮口虚学寻徐剧，
齐齿衣优摇叶英，
前鼻恩因烟弯稳，
后鼻昂迎中英生，
咬住字头归字尾，
不难达到纯和清。

二、贯口训练

报花名

红牡丹、白牡丹、粉红牡丹、芍药、玫瑰、蔷薇、木槿、米兰、昙花、樱花、桂花、茶花、金银花、金盏花、金芙蓉、月季花、鸡冠花、凤仙花、杜鹃花、喇叭花、玉簪花、玉兰花、玉蝉花、燕子花、蝴蝶花、天女花、八仙花、海棠花、海桐花、腊梅花、太平花、石榴花、石楠花、石菖蒲、十样锦、夹竹桃、美人蕉、美人花、虞美人、洋绣球、晚香玉、百里香、满天星、一品红、千日红、月月红、满堂红、紫丁香、紫茉莉、紫罗兰、紫藤罗、水浮莲、子午莲、菖蒲莲、并蒂莲、西番莲、蟹爪兰、半枝莲、半边莲、仙人掌、仙人鞭、仙人球、仙客来、春兰、蕙兰、剑兰、珠兰、马兰、君子兰、一叶兰、夏菊、翠菊、洋甘菊、墨菊、藤菊、雏菊、千日菊、佛头菊、金鸡菊、万寿菊……

报菜名

蒸羊羔、蒸熊掌、烧花鸭、烧子鹅、卤煮野鸭、酱鸡、腊肉、松花、小肚儿、凉肉、香肠、熏鸡、白肚儿、清蒸八宝鸭、罐儿焖鸡、罐儿焖鸭、烩鸭丝儿、烩鸭腰、烩鸭条儿、清拌鸭丝儿、焖黄鳝、焖白鳝、豆腐鲶鱼、清蒸甲鱼、抓炒鲤鱼、抓炒面鱼、软炸鸡、炸白虾、炸面鱼、炝青虾、炝竹笋、熘黄菜、芙蓉燕菜、炒虾仁儿、烩虾仁儿、烩银丝儿、烩鸽蛋、炒蹄筋儿、蒸南瓜、炒丝瓜、焖鸡掌、熘鲜蘑、熘鱼肚儿、醋熘鱼片儿、三鲜首蓿汤、红丸子、白丸子、南煎丸子、干炸丸子、三鲜丸子、四喜丸子、葱花丸子、豆腐丸子、一品肉、红焖肉、白片肉、樱桃肉、米粉肉、坛子肉、炖肉、松肉、烤肉、酱肉、酱豆腐肉、烧羊肉、涮羊肉、五香羊肉、煨羊肉、爆三样儿、清炒三样儿、三鲜鱼翅、红烧鲤鱼、童子鸡……

报地名

第29届奥林匹克运动会奖牌榜的国家和地区

中国、美国、俄罗斯、英国、德国、澳大利亚、韩国、日本、意大利、法国、乌克兰、荷兰、牙买加、西班牙、肯尼亚、白俄罗斯、罗马尼亚、埃塞俄比亚、加拿大、波兰、匈牙利、挪威、巴西、捷克、斯洛伐克、新西兰、格鲁吉亚、古巴、哈萨克斯坦、丹麦、蒙古、泰国、朝鲜、阿根廷、瑞士、墨西哥、土耳其、津巴布韦、阿塞拜疆、乌兹别克斯坦、斯洛文尼亚、保加利亚、印度尼西亚、芬兰、拉脱维亚、比利时、多米尼加、爱沙尼亚、葡萄牙、印度、伊朗、巴林、喀麦隆、巴拿马、突尼斯、瑞典、克罗地亚、立陶宛、希腊、特立尼达和多巴哥、尼日利亚、奥地利、爱尔兰、塞尔维亚、阿尔及利亚、巴哈马、哥伦比亚、吉尔吉斯斯坦、摩洛哥、塔吉克斯坦、智利、厄瓜多尔、冰岛、马来西亚、新加坡、南非、越南、亚美尼亚、中华台北、阿富汗、埃及、以色列、毛里求斯、摩尔多瓦、多哥、委内瑞拉

报人名

中国共产党第十八届中央委员会委员名单(节选)

于广洲、习近平、马凯、马飚（壮族）马兴瑞、马晓天、王君、王侠（女）、王珉、王勇、王晨、王毅、王三运、王万宾、王玉普、王正伟（回族）、王东明、王光亚、王伟光、王安顺、王志刚、王岐山、王沪宁、王国生、王学军、王建平、王胜俊、王洪尧、王宪魁、王冠中、王家瑞、王教成、

王新宪、王儒林、支树平、尤权、车俊、尹蔚民、巴音朝鲁（蒙古族）、巴特尔（蒙古族）、卢展工、叶小文、田中、田修思、白玛赤林（藏族）、白春礼（满族）、吉炳轩、朱小丹、朱福熙、全哲洙（朝鲜族）、刘鹏、刘源、刘鹤、刘云山、刘亚洲、刘成军、刘伟平、刘延东（女）、刘奇葆、刘晓江、刘家义、刘粤军、刘福连、许达哲、许其亮、许耀元、孙怀山、孙建国、孙春兰（女）、孙政才、孙思敬、苏树林、杜青林、杜金才、杜恒岩、李伟、李斌（女）、李从军、李立国、李纪恒、李克强、李学勇、李建华、李建国、李鸿忠、李源潮、杨晶（蒙古族）、杨传堂、杨金山、杨栋梁、杨洁篪、杨焕宁、肖钢、肖捷、吴昌德、吴胜利、吴爱英（女）、吴新雄、何毅亭、冷溶、汪洋、汪永清、沈跃跃（女）、沈德咏、宋大涵、宋秀岩（女）、张阳、张茅、张毅、张又侠、张仕波、张庆伟、张庆黎、张志军、张国清、张宝顺、张春贤、张高丽、张海阳、张裔炯、张德江、陆昊、陈希、陈雷、陈全国、陈求发（苗族）、陈宝生、陈政高、陈敏尔、努尔·白克力（维吾尔族）、苗圩、范长龙、林军、林左鸣、尚福林、罗志军、罗保铭、周济、周强、周生贤、郑卫平、房峰辉、孟学农、孟建柱、项俊波、赵实（女）、赵正永、赵乐际、赵克石、赵克志、赵宗岐、赵洪祝、胡泽君（女）、胡春华、俞正声、姜大明、姜异康、骆惠宁、秦光荣、袁纯清、袁贵仁、耿惠昌、聂卫国、栗战书、贾廷安、夏宝龙、铁凝（女）、徐守盛、徐绍史、徐粉林、高虎城、郭声琨、郭金龙、郭庚茂、郭树清、黄兴国、黄奇帆、黄树贤、曹建明、戚建国、常万全、鹿心社、彭勇、彭清华、蒋定之、蒋建国、韩正、韩长赋、焦焕成、谢伏瞻、强卫、楼继伟、解振华、褚益民、蔡武、蔡名照、蔡英挺、蔡赴朝、雒树刚、魏亮、魏凤和

第三章　播音发声

第一节　播音发声基础

一、发声的生理基础

人体发声的简单过程是气息冲击声带,振动共鸣器官而发出声音。气息是发声的动力,声带是发声的声源,共鸣器官使声音扩大和美化。声音是人的生理器官活动的产物,换句话说,发声器官是发声的生理基础。人的发声器官可分为三大部分:呼吸器官、发音器官、调节器官。

1. 呼吸器官

(1) 肺。肺是海绵状组织,其中空的是肺泡。吸气时,肺叶扩张,容量增大,气息吸入肺内。呼气时,肺叶收缩,容量减少,气息排出肺外。

(2) 胸腔。胸腔的外面是胸廓,下面是膈肌,脊柱与胸骨之间连着弓形的肋骨,肋骨之间有肌肉相连。吸气时,肋骨向上向外扩张,胸腔扩大。呼气时,肋间肌肉放松,胸廓回缩。由于肺本身没有神经,所以,肺的扩张与回缩是由胸腔的扩张与回缩决定的,也就是说,是由胸部肌肉的活动决定的。

(3) 膈肌。位于肺的下部,在胸、腹之间。膈肌很有弹性,吸气时,膈肌向下,使胸腔扩大。呼气时,膈肌回到原来位置。

(4)腹肌。位于下肋和丹田之间。

胸肌、膈肌和腹肌的运动同时对呼吸产生控制作用。能使胸腔容量扩大的肌肉群称为吸气肌肉群,能使胸腔容量缩小的肌肉群称为呼气肌肉群。呼吸和呼吸控制就是在这两大肌肉群的协调、对抗运动中进行的(如图3-1)。

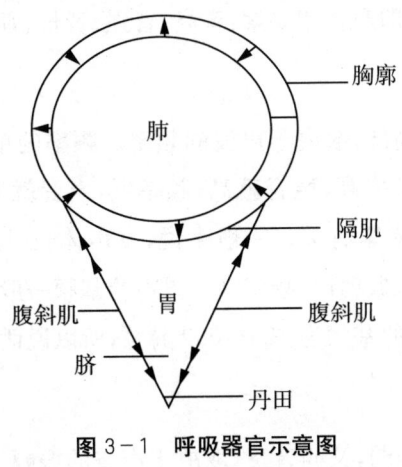

图 3-1　呼吸器官示意图

2.发音器官

(1)喉头。喉头上接咽腔,下连气管,由软骨组成匣状体,上部略呈三角形,下部呈圆形。前面比较突出的部分是喉结。声带一头附着在甲状软骨上,另一头附着在杓状软骨上。

(2)声带。声带是由肌肉组成的两片有弹性的薄膜。男性的声带较长、较厚,平均长度为20～22毫米。女性的声带较短、较薄,平均长度为15～19毫米。声带的长短、厚薄、松紧和声门的开闭都是可以变化的,因而发出不同的音高、音强和音色。

3.调节器官

(1)咽腔。在喉头上方,是一个肌肉管子,也叫咽管。咽管分为三段:软腭以上通鼻腔,为鼻咽;中段前通口腔,为口咽;下段连着喉腔,为喉咽。咽腔是气息的必由之路,是人体发声的重要的共鸣腔。

(2)口腔。包括唇、齿、齿龈、硬腭、软腭、小舌和舌。其中,唇、软腭、小舌和舌是活动部分。各部分的有机配合、协调运动,可以形成各种阻碍,发出各种不同的声音。

(3) 鼻腔。鼻腔是不可变共鸣腔，受软腭上下活动控制。

二、发声的物理基础

声音的物理性质，即声音四要素：音高、音强、音长、音色。

1. 音高

音高是指声音的高低，取决于声波的频率。频率的单位为赫兹（Hz），即声波每秒振动的次数。频率高，声音就高；频率低，声音就低。同时，声音的高低与声带的长短、厚薄、松紧有关。一般来说，发声体长、厚、松的，振动慢，频率低；发声体短、薄、紧的，振动快，频率高。男声的基频一般为60～200赫兹，所以说话时音高较低；女声的基频为150～300赫兹，所以说话时音高较高。

2. 音强

音强是指声音的强弱，又叫音量，取决于声波的振幅。一定频率的声波，振幅大声音就强，振幅小声音就弱。

3. 音长

音长是指声音的长度，取决于声带持续振动的时间。

4. 音色

音色是指声音的品质、特色，又叫音品、音质。影响音色的因素很多，主要有三个方面：一是发音体不同，例如两个人的声带不同，音色就不同；二是发音方式不同，音色也不同；三是共鸣器官形状不同，音色也不同。

第二节　气息控制

一、气息控制的原理

肺虽然是重要的呼吸器官，但它自身不会活动，是被动的器官，呼吸时完全要靠胸腔的扩大和缩小。吸气肌肉群收缩时,胸腔扩大,此时,胸腔内部的气压变得比体外的气压低,空气就会由口、鼻,经过呼吸通道进入肺泡,肺便扩大起来,这就是吸气的过程。呼气肌肉群收缩,或吸气肌肉群自然放松,胸腔就会随之变小,肺里的空气就会经过呼吸通道挤压出来,这就是呼气。

气息控制就是呼吸控制,而呼吸控制实际上就是呼气控制。气息吸进去以后,不能一下子都呼出去,要根据需要调整呼出量,这就是气息控制。气息控制就是吸气肌肉群与呼气肌肉群的协调与对抗。应适当调节呼吸肌肉群的收张力,以控制气息的压力和流量,使气息得以控制,并收纵自如。

气息控制有三种:第一种是无控制的自然用气。生活中的自然用气无法适应播音需要,即使是接近生活的交谈式播音,播音员主持人的气息也需要控制,但多采用弱控制。第二种用束紧喉头的方法控制气息,不仅会使声带疲劳,而且影响声音质量。播音中的尖、窄声,缺少弹性的声音,大多是播音员主持人不会控制气息靠压迫声带播音所致。第三种是正确的气息控制方法,由于呼气肌肉群的收缩力略大于吸气肌肉群向外的扩张力,使气息流出体外时受到控制(如图3-2)。

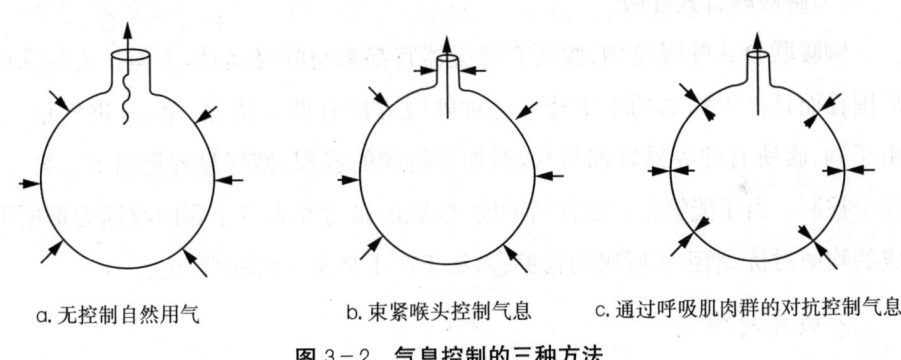

a. 无控制自然用气　　b. 束紧喉头控制气息　　c. 通过呼吸肌肉群的对抗控制气息

图3-2　气息控制的三种方法

这里需要注意真声和假声。用真声时,声带整体振动,方向主要是横向、左右振动,因而声音比较轻松、自然、厚实、丰满。

假声是声乐、戏曲艺术发声的特殊要求,发出的是超高音。声带不是整体振动,而是边缘振动,方向主要是纵向、上下振动。声带不能紧密贴合而是有一条缝,随着假声的升高,声门裂隙也逐渐变短。假声听起来不自然,缺少弹性,比较尖、细,歌唱中的花腔女高音,京剧中的青衣、小生角色主要使用假声。播音时,以真声为主,但女声容易出现假声。在动画片配音、播讲寓言故事时,需要时可用假声处理。

二、呼吸方法、吸气要领与气息控制感觉

1.呼吸方法

(1)胸式呼吸

胸式呼吸是一种浅呼吸,又称锁骨式呼吸,吸气时肩头上耸,上胸部上抬,肋骨下缘胸廓周围径基本不变,膈肌基本不参加呼吸运动。这种呼吸方法进气量小,呼气发声时气流较弱、强度及变化小,且难以控制。表现为浅吸频换,声音尖、高、飘、虚。播音发声时,会造成肩胸紧张、喉部负担重、易疲劳等问题。

(2)腹式呼吸

腹式呼吸是一种深呼吸,吸气时腹部突出,胸廓周围径基本不变,主要靠膈肌升降完成呼吸运动。腹式呼吸具有进气量较大和声音深沉的优点,重、低、沉,但由于腹肌不能完全发挥作用,容易产生闷、暗、空的音色。

(3)胸腹联合式呼吸

胸腹联合式呼吸是胸、腹所有呼吸器官都参与呼吸运动,不但扩大胸廓的周围径而且扩大胸廓的上下径。这种呼吸方法有两个优点:第一,进气量大。由于胸、腹所有呼吸器官都参与,增加了胸腔的容积,使气息容量增大。第二,易于控制。由于能够稳定地保持两肋、膈肌的张力和来自小腹的收缩力量所形成的均衡对抗,增强了呼吸的稳健感,易于产生坚实、响亮的音色。

2.吸气要领

这里所说的吸气要领,是胸腹联合呼吸法的吸气要领。

(1)提神进气。吸气时要有一个良好的精神状态,有兴奋感,从容进气。

(2)张开两肋。两肋向周围扩展,气向肺底走。两肩自然下垂,口鼻同时进气。

(3)降下横膈。横膈下降,使胸腔扩大,气被吸到肺底。

(4)收缩小腹。进气时,腹部肌肉向中心位置收缩,这个中心就是丹田。

"兴奋从容两肋开,不觉吸气气自来。"这是吸气的自然而又舒服的感觉。提神进气、张开两肋、降下横膈、收缩小腹,是一个连续动作,是在吸气时瞬间完成的。

3. 气息控制感觉

气息在涌流中,小腹有一种"拉住"的感觉。进气时,有一种"快感";呼气时,有一种"胀感"。

三、播音对气息控制的要求

(1)均匀:均匀呼气,气息向上运行时,丹田的控制力把它向下"拉住",使气息均匀地流出。

(2)稳劲:呼吸控制有力,呼吸肌肉群始终保持"对抗"的状态。训练时,多练习强控制,逐渐训练弱控制。

(3)持久:对气息有较长时间的控制能力,使气息始终处于均匀、稳劲的控制状态中。

(4)适度:吸气不要过满,呼气不要吐净,要留有余地,吸七分、留三分。

(5)无声:吸气快,口鼻同时进气,呼气没有喘气声。

(6)自如:不僵持、不憋气,与情感运动相协调。

(7)变化:在情感驱动下,进行多种气息的变化。

四、气息运用技巧

(1)换气:在停顿时间较长的地方,可以正常从容地换气,深吸气、多吸气,以满足发声表达和生理换气的需要。

(2)偷气(补气):在停顿时间较短的地方,或不应吸气,但因生理换气需要而必须吸气的地方,要少吸、快吸,一般用于词尾和完整的语句后快速进气。

(3)就气:在处理长句子或因情感需要而不便偷气的地方,使用体内余气,以使句子完整,同时可增强感情色彩。

(4)顿气:为了表情达意的需要,声音戛然而止。但气息仍处于保持状态,可以起到强调、烘托、渲染的作用。

(5)提气:为适应高强音的需要,使气息用力向上推进。

(6)推气:与提气相配合,或使气息有延伸感。

(7)收气:不需要充足的气息,特别是在句尾时,在句子说完之后再把多余的气吐出去。

五、呼吸训练

1. 呼吸肌的锻炼

气息控制能力的强弱与呼吸肌肉是否灵活、有力关系很大。在呼吸训练过程中,应重视腹肌、膈肌和胸肌的锻炼,使它们在气息控制过程中自如地发挥作用。例如打球、跑步、做操、游泳、做仰卧起坐等,都可以锻炼腹肌。

2. 呼吸训练方法

(1)提神进气法。用闻花香等动作感觉,使气息沿后脊柱而下吸入肺底,后腰部有向两侧打开撑住的感觉。保持几秒后,再缓缓呼出气体。

(2)无声抽泣法。用哭的动作感觉,活动膈肌。

(3)瞬间憋气法。体会呼吸肌肉群的对抗感觉。

(4)快慢呼吸法

①快吸慢呼:训练口鼻同时迅速进气的能力,并使气息均匀、稳劲地流出。

②快吸快呼:"金葫芦银葫芦,好汉一口气说不了三八二十四个葫芦。一个葫芦、二个葫芦、三个葫芦……。"

(5)弹力发音法。发口令"一、二、一","一、二、一","一——二——三——四",训练腹肌、膈肌的弹力。

(6)强音推进法。高音、强音推进,呼喊"赐予我力——量——吧!我是希——瑞!"长音推进,高音延伸,呼喊"迎——山——倒——","阿——毛——"。

(7)弱音推进法。弱音延长、推进,呼喊"安——娜——","孔——雀——牌——电——视——机。"

(8)绕音旋转法。a音、i音向上绕,向下绕。应做到"先撮后绕",使唇始终保持撮起的状态。同时,动作幅度要尽量大。

(9)音阶升降法。体会发声与呼吸的配合,体会音高气稳和音低气足的感觉。

(10)综合训练法。选择诗歌、散文等材料,进行多种气息控制训练。

第三节　口腔控制

戏曲艺术、声乐艺术都十分重视吐字归音。"曲有三绝,字清为一绝"、"字若不真,曲调虽和,而动人不易"、"千斤道白四两唱",都说明吐字归音在戏曲艺术中的重要地位。"字真"更是播音发声的艺术特点。要在"字真"的基础上,讲究音美。

一、咬字状态

1. 集中唇舌

唇的力量要集中到唇的内缘,集中到中央三分之一处。舌的力量集中,在发音过程中舌体要取收势,力量要集中在舌的前后中纵线上。唇舌不集中,声音就会涣散、缺乏力度,字音含混不清。

2. 提起颧肌

颧肌提起时,口腔前部、上腭顶部有展宽的感觉,鼻孔略微张大。同时,唇尤其是上唇展开贴住上齿,使唇的运动有了依托。

3. 打开牙关

上下颌之间的关节俗称牙关,打开牙关是抬起上腭中部的动作。张口时槽牙上提,类似于半打呵欠,闭口时上门齿下扣,类似于啃苹果。牙关打开,口腔内部空间加大,有利于舌体运动和口腔共鸣。

4. 挺起软腭

软腭在上腭后部,用舌尖抵硬腭后探会感觉到它的具体位置。不说话时,软腭松软下垂。发音时,软腭上挺,一方面加大口腔后部空间,改善音色;另一方面缩小鼻咽入口,避免气息大量进入鼻腔造成过重的鼻音。

5. 放松下颌

在打开口腔的前三个要领中,都要求加强肌肉的力量与控制训练,只有松下巴不需要训练力度,只需要放松即可完成。

二、吐字归音

1. 吐字归音的基本要求

(1) 准确

准确是指字音准确、规范,即"字正",是对播音发声的基本要求。准确主要包括发音部位准确、发音方法正确,同时还强调在生活中人们发音时不太注意的细微区别。比如发"z、c、s"时易出现"嘶嘶"的杂音,发"j、q、x"时易出现的尖音等,都会影响发音的准确性。准确就是要求播音员主持人在符合语音规范的前提下,发音比一般人更完美、更悦耳。

(2) 清晰

清晰是指字音清晰,主要指发音过程中唇舌力度、舌位变化等方面的要求。比如声母"h",发音部位在舌根,发音方法为清擦音,发音时舌根接近软腭,气流冲击舌根和软腭的接近处形成擦音。

(3) 圆润

圆润指有较为丰富的共鸣,即"腔圆",是对播音发声的审美要求。"吐字如珠"是对吐字圆润的形象比喻。圆润的对立面是扁涩。吐字扁而干涩,不饱满、不悦耳,缺乏美感,不易吸引受众。要获得圆润的声音,应在把握韵母发音的舌位动程、调整口腔腔体、运用共鸣器官上下功夫。

(4) 集中

集中的声音易于入耳,易吸引受众的注意。话筒吸收声能是有方向性的,如果声束集中,用较小的力气就能收到很好的效果。

(5) 流畅

吐字必须轻快流畅,语流顺畅无阻,不能"蹦字",也不能把字咬得太死。吐字训练中,常把音节拆分成单个音素进行训练,目的是修正、解决发音问题。在实际运用中,拆分的音素、音节、字词、短语,都要在语流中连接起来。发音时既不生硬、囫囵吞枣,又要如珠如流。

2. 出字、立字与归音

(1) 出字——要叼住弹出(对字头的处理)

字头是一字之头,对字头的处理直接影响整个音节。咬字无力,有声无字;

咬字过狠,字拙而滞。字头有阻气、蓄气的作用,字头阻气有力,气息才能在成阻部位形成一定压力。所以,有"字头取气"之说。"字正腔圆"的"字正",首先要靠字头部位发音的准确。

出字的两个阶段是"叼住"和"弹出"。"叼住"指声母的成阻和持阻阶段,也叫咬字阶段。要做到:①咬字要有一定力度,阻气有力;②力量要集中在相应部位的中纵部,而不是满口用力;③唇形要合适,特别是齐、合、撮三呼;④"叼"要有巧劲,不能过紧或过松。

"弹出"指声母的除阻阶段,也叫吐字阶段。吐字要轻捷而有力,像弹出的弹丸,不粘不滞,不拖泥带水。同时,还要有回收力。

只有"叼住",才能"弹出","叼住"是为"弹出"做准备。

(2)立字——要拉开立起(对字腹的处理)

对字腹的处理影响到字音的圆润、饱满。字是随着字腹的拉开而在口腔中立起来的,因而称为"立字"。

在字头弹出后,口腔拉开到适当的开度,感觉字音随上腭的提起而立起来。在牙关打开的前提下,这个开度略大于生活语言的字腹开度,以取得清晰的音色和丰富的泛音共鸣。结合声束向硬腭前部的流动冲击,这时,就有了字音"挂于上腭"的感觉。

(3)归音——要到位弱收(对字尾的处理)

字尾处于口腔由开渐闭阶段,如果字音收尾不到位,音节与音节的区分就会受到影响。归音是肌肉由紧渐松的阶段,因此,字尾的处理要到位弱收。

在吐字归音方面,最容易出现的毛病就是归音不到位,出现"半截字",听起来不完整。从语音上分析,每一次肌肉紧张度的增而复减,就形成一个音节。声母的紧张是突然增强的,音节中紧张的最高点叫音峰,它总是落在主要元音上,紧张逐渐减弱的最低点叫音谷,字尾正是处在紧张度下降的阶段上。如果在发音时只注意声音的响亮,有了声母的"力"度和韵母的"立"度,但不注意音节的完整,就很容易把这个正处于衰落阶段的字尾忽略掉,成了"半截字"。

从以上出字(叼住弹出)、立字(拉开立起)、归音(到位弱收)的吐字归音特点,不难看出,它是一个枣核形(如图3-3)。

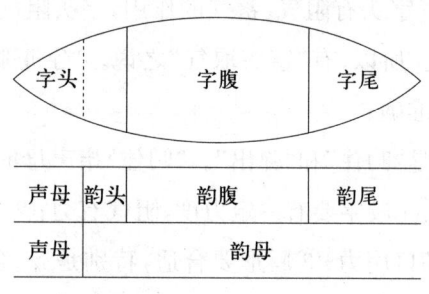

图 3-3 枣核形图

播音发声的基本要求：准确规范,清晰流畅；圆润集中,朴实明朗；刚柔并济,虚实结合；色彩丰富,变化自如。

第四节 共鸣控制

一、共鸣器官

人的声道是一个呈直角的弯管。喉以下是气管和肺,喉以上是咽腔,与直管水平的部分,下面是口腔,上面是鼻腔,中间以硬腭、软腭隔开,软腭可上下活动,影响口腔和鼻腔共鸣。

声道可以比作一个由管子、阀门和腔体组成的空气装置。用声时,类似风箱的肺被挤压,气流通过气管进入喉部,喉起活塞的作用,又起阀门的作用。咽腔、口腔、鼻腔三个腔体,由舌、软腭和唇三道阀门控制,使三个腔体连通或隔开,并使腔体形状和大小发生变化,产生不同的声音变化。

二、共鸣器官的作用

1. 喉腔共鸣

喉腔指位于声带与假声带之间的喉室以及位于假声带之上的喉部前庭。

喉腔是共鸣腔体中腔内空间最小的,但喉腔是喉原音形成后经过的第一个共鸣腔,它的状况直接影响声音的质量。喉头可在一定幅度内上下运动。升高时声道缩短,有利于高频泛音共鸣;下降时声道拉长,有利于低频泛音共鸣。播音发声时要求喉部放松、相对稳定,以保证喉原音的质量。

2. 咽腔共鸣

咽腔咽管,包括喉咽、口咽、鼻咽三部分。咽腔容积较大,管体较长,口腔、喉腔相通,是声波必经的管道和三岔路口。咽腔对声音的扩大有主要作用,是重要的可调节共鸣腔体。在播音发声中,要保证咽管的通畅,咽后壁直而不弯,并保持一定的坚韧度。同时,抬起软腭以保证口咽弯道通畅,降低舌根以保证声波顺利流向口腔。

3. 口腔共鸣

口腔是变化最灵活的一个共鸣腔体。口腔共鸣又称中音共鸣、中部共鸣,主要通过唇、齿、软腭的变化来调节。播音发声以口腔共鸣为主,其他腔体共鸣必须在口腔共鸣的基础上获得。口腔既是共鸣器官又具有咬字器官的功能,应结合吐字运用口腔共鸣,做到"提颧肌、打牙关、挺软腭、松下巴",声挂前腭。

4. 鼻腔共鸣

鼻腔属于上部共鸣腔体,也是容积较大、不可调节的固定腔体。播音发声时,依靠软腭的挺与垂来改变鼻腔的共鸣状况。如果鼻音过重,则需要挺软腭,减少气流进入鼻腔。鼻腔共鸣的获得一方面是通过气流进入鼻腔,另一方面是声波冲击口腔硬腭,由骨传导而产生的鼻腔共鸣。鼻腔共鸣具有较强的修饰色彩,适量使用可以使声音明亮、有光泽。

5. 胸腔共鸣

胸腔容积大,低频共鸣明显。胸腔共鸣又称低音共鸣、下部共鸣,不参与语音的制造,是一个纯粹的"美声区"。播音发声时要求两肋打开,在腹壁站定时能自由开合。随着声音由低到高,振感集中点由胸骨的下缘上移至喉的下方。胸腔共鸣能使音量增加,声音听起来洪亮、浑厚、有力。

6. 头腔共鸣

头腔共鸣主要靠额窦、蝶窦、上颌窦和筛窦,它们与鼻腔相通。由于窦内充有空气，可以起共鸣作用。头腔共鸣属于高音共鸣，播音发声一般不用高音共鸣。

三、播音共鸣的特点

播音以口腔共鸣为主，以胸腔共鸣为基础。播音发声要求在字音清晰的条件下，美化声音，要求声音朴实、大方、自然。共鸣应服从内容、吐字的需要。

因此，播音发声的共鸣特点可以概括为：以口腔共鸣为主，以胸腔共鸣为基础。发高音时，会有鼻腔共鸣、头腔共鸣。

第五节　声音弹性

声音弹性是指声音的可变性、伸缩性和柔韧性，是声音在语言表达过程中对思想感情的适应能力。

一、情感、气息、共鸣与声音的相互作用

1. 声音对感情变化的适应力

声音弹性要在感情变化中体现出来。表达高昂的情感，声音应是高强的，但不是生硬僵直的；表达沉缓的情感，声音应是轻柔的，但不是软弱无力的。声音要跟得上情感的变化，字字入耳、清晰可辨，而不是囫囵吞枣、含混不清，"情不够，声来凑"，出现声、情两层皮的毛病。缺少感情的依托，声音就没有神韵。所以，应该"以情带声"、"以声传情"、"声情并茂"。富有弹性的声音，能够更好地传情达意。

2. 共鸣是声音弹性的"调色板"

有弹性的声音应是有色彩的声音，换言之，有色彩的声音必然是富有弹性的。科学地运用三腔（口腔、胸腔、鼻腔）共鸣，是使声音富有色彩的关键所在。气息作用于共鸣腔，不仅扩大了声音，并且美化了声音。

二、声音弹性的对比训练

声音弹性不仅表现在声音的可变性上,而且表现在声音的对比性和层次性上。因此,加强声音的对比训练,是提高声音弹性和丰富声音色彩的有效办法。

声音弹性对比训练包括:(1)强与弱;(2)高与低;(3)刚与柔;(4)明与暗;(5)实与虚;(6)厚与薄;(7)粗与细;(8)前与后。声音弹性不只是以单项对比形式出现的,而常常是以复合形式出现的。例如,"刚"与"明"的复合形式、"高"与"强"的复合形式、"虚"与"柔"的复合形式等。

三、声音修饰

所谓声音修饰,是指声音的运用和节奏的变化与内容、形式没有必然联系,通过对声音的修饰,追求良好的声音效果。其中,包括掩饰声音条件的缺陷和不足。例如,使暗的声音变得较明,使窄的声音变得较宽。节目内容和形式不同,也需要在声音形式上有些变化,对声音加以适当的修饰。如新闻播音以实声为主,而通讯播音是虚实声结合。

四、嗓音保护

1. 科学用嗓

科学用嗓要掌握正确的发音方法,例如发音时喉部放松,不挤压声带。另外,在以中音区为主的自然声区内发音,过高过低的发音都会使声带受损。要掌握好声带闭合的技巧,使声、情、气和谐一致。情感调动迅速,气息供应及时、畅通,从而减轻声带负担。

2. 注意音域范围

训练时的音域要大于使用时的音域范围,要在训练时逐渐增加音域范围。特别是发高强音时,要控制好气息压力和流量,避免没有准备的突然爆发高强音,声音过高会加剧声带的摩擦,使声带受损。

3. 注意休息

过于疲劳、睡眠不充分,声音就容易干、哑、无光泽。

4. 注意饮食

食用过辣的食物,烟、酒过度,会使声带失去弹性。

5. 避免用声后喝水

用声后马上喝热水,会使声带受损。所以,用声后,不要马上喝热水,平时播音也不要养成喝水的不良习惯。有时,因紧张口干,是精神上的问题,会越喝水越口干。

6. 控制时间

每次用声开始在 30 分钟左右,逐步过渡到 1 个小时左右,声带没有过于疲劳的感觉才是正常的。初学者声音有些不适的感觉是正常现象,不必有心理负担。

7. 及时就医

声带充血,长期不适,要及时就医,以避免声带小结等疾病的发生。

第四章　主持人即兴口语

第一节　即兴口语的构思与表达

我们在播音、主持艺术人才的培养目标中明确提出这样的口号:"有稿播音锦上添花,无稿播音出口成章。"无稿播音,即基本没有文字稿件作为依据的播音,或叫"提纲加资料"的播音。① 它既区别于书面语,又区别于通常所说的"播音"(有稿播音),而是播音员主持人通过广播电视电子传播媒介,于话筒前即兴完成的口语活动。即兴口语是广播电视有声语言中一种不可或缺的重要表达形式。②

一、即兴口语的构思

1. 触景生情

看到眼前那情、那景,内心自然容易产生感慨。情感投入其中,才能即兴表达。

---

① 张颂:《播音语言通论——危机与对策(第三版)》,中国传媒大学出版社 2012 年版。
② 鲁景超:《广播电视即兴口语表达》,中国传媒大学出版社 2000 年版,第 11—12 页。

中央电视台"心连心"艺术团在江西老区的一次演出时,关牧村演唱《多情的土地》时,天空下起了小雨。主持人赵忠祥对在场的群众说:"乡亲们,关牧村的动情歌声,把她自己的眼睛唱湿润了,也把老区人民的眼睛唱湿润了,连老天爷的眼睛也给唱湿润了!老乡们!我们演员都商量好了,如果雨下大了,只要大伙儿不走,我们的演员就不会走,就继续为大家演出。"

2. 随机应变

受时间、环境的限制,在与特定对象的现场交流中,主持人会不断产生新的想法、新的话题。因此,主持人要随机应变,不断调整思路、组织语言。

在第十二届全国青年歌手电视大奖赛上,一位选手表演节目时非常紧张,说他平时都是在宽广的草原上放声歌唱,对着牛群、羊群歌唱,不紧张。而现在这种场合,面对这么多评委,他很紧张。这时主持人董卿说:"那你就把下面坐着的评委当作牛羊吧。"随后加了一句:"如果在座的评委不介意的话,请鼓掌。"

3. 借题发挥

这种"借题发挥"并不能随心所欲、侃侃而谈,而是要言简意赅、言之有物。

如果谈到人们最初对家庭的印象,很多人会在脑海中浮现这样一幅画面:小小的左手拉着爸爸的右手,右手拉着妈妈的左手,走在路上,充满了无限的快乐。可是,有一些家庭却是一个冰冷的词汇——支离破碎。那么,是什么让他们有这种感觉呢?今天就让我们一起走进这些人的内心世界,了解他们的生活……

二、即兴口语的表达

1. 融入其中

即兴表达要融入现场气氛,与现场主题一致。

2. 有声有色

声指声音质量,色指感情色彩。好的声音本身就悦耳动听,如果能声情并茂地表达,可称之为锦上添花。

3. 张弛有度

张弛有度是指语言有节奏,有轻重缓急,有抑扬顿挫。要善于控制语流速度,不紧、不急、不赶、不抢,流畅自然。

三、即兴口语的训练

1. 处处留心

所谓处处留心,是说只要有机会就要积极参与、主动表现。有了思想准备和试练,就能使即兴表达不断丰富和生动起来。

2. 迅速准备

在处处留心的基础上,要训练迅速构思的能力。迅速构思要把握住两点:一是框架,二是材料。围绕观点搭建话题框架,也就是制定话题提纲。材料应储备丰富,信手拈来。培养迅速构思的能力,离不开平日的积累,要多观察、多阅读、多思考、多摘录,丰富自己的语汇库、知识库。

第二节 主持人即兴口语训练

一、口头复述

口头复述是指运用口头叙述的方式重复自己说过的话、重复别人说过的话和将读过或听过的材料内容重复出来的一种练习活动。口头复述的过程是一种把听到、看到的语言信息经过理解、加工,然后将记忆的信息内容转化为口头语言表达出来的过程。[1]

---

[1] 付程:《实用播音教程第2册——语言表达》,中国传媒大学出版社2002年版,第278页。

1. 口头复述技巧

(1) 记忆稿件内容。

(2) 理解、加工,复述稿件内容。

(3) 运用规范的语言有声有色地表达。

(4) 可以边想边说,节奏可稍慢。

2. 口头复述样式

(1) 详细复述

详细复述是对原始材料进行十分详细的复述。用自己的话严格遵照原来材料的内容、顺序、结构,完整、准确、清楚地述说。但不是一字不丢地背诵,为了使人听起来更加明白、流畅,可以调整复杂的语法结构,将长句子短化,将书面语转化成通俗易懂的口语。

(2) 简要复述

简要复述即在总体把握原始材料的基础上,经过分析、综合,概括出中心、主干、要点,略去铺陈、解释性、修饰性等次要部分,简明扼要地复述原始材料的基本内容。

简要复述训练的目的在于提高分析、比较、选择和归纳、综合、概括的能力。记叙性材料简述要抓住主要人物、事件发展的脉络,说明性材料简述要抓住事物的特征、本质、功能,议论性材料要抓住中心论点及分论点。

(3) 创造性复述

创造性复述即依据原来材料的内容,根据复述的目的和要求,对内容或形式进行某些创造性的变换和扩充的复述方式。

变换型创造性复述相当于作文中的改写。变换是将原有材料的人称、结构、体裁、语体等加以变化。扩充型创造性复述相当于作文中的扩写。扩充是在深刻理解原有材料内容的基础上,经过合理想象和联想,丰富细节、扩展情节、编续结尾、增加修饰、说明性的内容。变换和扩充都要求以原材料为依据,切不可违背原文的思想、内容、风格,切不可任意发挥、胡编乱造。①

---

① 付程:《实用播音教程第 2 册——语言表达》,中国传媒大学出版社 2002 年版,第 278—320 页。

壁虎的爱情

〔韩〕李范宣

这是在日本发生的一个真实的故事。

有人为装修家里拆开了墙壁。日本式住宅的墙壁是中间架了木板后,两边是泥土,里面是空的。

他拆墙壁的时候,发现一只壁虎困在那里。一根从外面钉到里面的钉子钉住了那只壁虎。那主人觉得又可怜又好奇,仔细看那根钉子,他很惊讶,因为那钉子是 10 年前盖那栋房子的时候钉的。到底怎么回事?那只壁虎竟困在墙壁里整整活了 10 年!真不简单。

尾巴被钉住了,一步也走不动的那只壁虎到底吃了什么活了 10 年?

那主人暂时停止了工程。"它到底吃了什么?"

过了不久,不知从哪里又爬来一只壁虎,嘴里含着食物……呵,爱情!那无比高尚的爱情!那生死不变的爱情!为了被钉住不能走动的壁虎,另一只壁虎在这 10 年的岁月里一直在喂它。

那只壁虎是母亲或父亲,夫妻或兄弟,我们不知道,也不一定要知道。

我听到这件事,深深地被那爱情的力量所感动!……

一边欣赏风景,一边向目标努力

有个少年想成为少林寺最出色的弟子,他问大师:"我要多少年才能那么出色?"

大师回答说:"至少 10 年。"

少年说:"10 年时间太长了。如果我付出双倍的努力,需要多少时间呢?"

大师回答说:"20 年。"

少年又问:"如果我夜以继日地练习呢?"

大师回答说:"30 年。"

少年灰心了,他不解地问大师:"为什么我每次说更加努力,您反而告诉我需要更长的时间呢?"

大师说:"当你一只眼睛只顾盯着目标时,那么就只剩下一只眼睛去寻找路了。"

这一处的缺点,以另一处的优点补足

一位农夫有两个水桶,他每天用扁担挑着去河边打水。

两个水桶中有一个有裂缝,每次到家时都会只剩半桶水。这样,两年来,农夫每次只能从河里担回家一桶半水。

完整无缺的桶很为自己的完美无缺得意非凡,而有裂缝的桶自然为自己的缺陷和不能胜任工作而羞愧。一天在河边,有裂缝的桶终于鼓起勇气向主人开了口:"我觉得很惭愧,因为我有裂缝,一路上漏水,最后您只能担半桶水回家。"

农夫摸了摸那道裂缝,回答说:"你注意到了吗?在你那一侧的路边开满了花,而另一侧却没有花。我从一开始就知道你有裂缝,于是在你的那一侧沿路撒了花籽。我每天提水回家的路上,你就给它们浇水。两年了,我经常从路边采摘鲜花来装扮我的餐桌。如果不是因为你的所谓缺陷,我怎么会有美丽的鲜花装扮我的家呢?"

赞美与欣赏

我的妻子和一群校友参加了一次自我修养提高学习班。有一次,我的妻子给我提了一个请求,要我列举六个标准,以帮助她成为一名好妻子。

听到这个要求我很吃惊,坦率地说,列举六件我希望她改变的事情并不难。但是话说回来,她也可能列出上千件事情希望我去改变。所以,我没有贸然行事,而是对她说:"让我想一想,明天早上再告诉你。"

第二天早晨,我很早就起床给花店打电话,要他们送六朵红玫瑰给我妻子,并附上一张便条,上面写道:"我实在想不出你哪些方面还有待改进,我爱的就是现在这样的你。"

那天晚上回到家,你猜怎么着?我妻子几乎是感激涕零地站在门口迎接我回家。不用说,当时我心里庆幸极了,多亏我没有按她的要求做,向她提批评意见。

周日再去教堂做礼拜时,我妻子报告了她的"作业"情况。同她一道学习的几个妇女都围着我说,"这是我所听过的最令人感动的事情。"直到那一刻,我才真正意识到赞美与欣赏的力量。

二、口头描述

描述是通过对人、事、物、景的观察,用形象的语言对其进行描绘的一种表达方式。口头描述要具备三种能力:

(1)观察能力。观察是描述的基础和起点。要多方位、多角度地去了解全貌,要细腻地观察,不放过重要的细节。

(2)感受能力。首先是形象感受,同时也要有逻辑感受。不仅要眼睛看、耳朵听、用嘴说,更重要的是用心去感受。

(3)快速组织语言的能力。能够迅速地组织语言,形象生动地描绘所见、所听、所感。

三、即兴评述

评述即有评述有叙述。与复述和描述的不同之点在于,它不仅要叙述所见所闻,更重要的是还要谈出所感。夹叙夹议,评述结合,使这一表达方式具有综合性特征和一定的难度。根据不同的评述目的、不同的材料内容,评述的方式可分成多种类型。[1]

1."评"的要求

(1)以事实为依据,论点建立在事实的基础上,而不是空泛议论。(2)评得有"理",以理服人。(3)简明扼要,点到为止。

2."述"的要求

(1)事实真实准确。(2)有层次感,避免平铺直叙、模糊一片。(3)形象、生动,更好地体现语言的"情"和"意"。

---

[1] 付程:《实用播音教程第2册——语言表达》,中国传媒大学出版社2002年版,第324页。

四、话题训练

1. 语音规范

使用标准普通话,不使用方言,不使用俚语、俗词等。

2. 以量求质

平时要多练习话题,可以练习普通话水平测试中的 30 个命题、本章附录中的话题。

3. 对话交流

采用对话形式练习话题,要有对象感、交流感。

4. 理解题意

理解题意,明确是叙事题,还是议论题,叙事题要以叙事为主,议论题要以议论为主,略加叙事。

5. 迅速构思

需要具备迅速构思的能力,如确定主题、关键词、表达顺序等,要调动思维、想象,语言链条不中断,边想边说。

6. 就熟避生

选取与题目相关的最熟悉的素材,避免使用不熟悉的、支离破碎的素材。

7. 一事多题

用相同的素材准备应试几个考题,如普通话水平测试的命题有:(1)我的老师;(2)难忘的一件事;(3)我所崇敬的人。可以用事先准备的素材,来评述这几个话题。

在公交车上

(一简)扶老携幼是中华民族的传统美德。

(二活)我给大家讲一个真实的故事。

4月3日中午,我从人民大街的繁荣路站乘坐315路公交车。刚刷完卡,我还没有站稳,只听一位站在前面的少年儿童,高声说:"谁给老人让个座。"清脆响亮的声音,使全车乘客都能听得到。我连忙说:"不用","不用"。这孩子连说了两遍。这时,一位年轻人起身将自己的座位让给了我。我说声"谢谢",也就坐了下来。

我坐在司机后的第一个座位上。这孩子也没有座位,他在司机与乘客之间的扶杆旁站着。我们俩挨得很近,我问他是哪个学校的,念几年级了?他回答说:是宽平小学的,念六年级了。我问他叫什么名字,他说:汪××。这时,我从兜里找到一张纸条,想把他的名字记下来,便说:你是个好孩子,我要向你的学校反映。"这点小事,千万别……"他谦虚地说。

汪同学在桂林路站下车,下车前,他竟然又对我说了句:"您老多保重。"随即还向我行了个拱手礼。我真没有想到这孩子这么懂事,这么有礼貌。我仔细地望着他。他身体匀称,衣着整洁,戴着一副黑边眼镜。小小的年纪,言谈举止是那样的从容和自信,真是个懂礼貌、讨人喜欢的好孩子!

(三概括)我眼望窗外,看到大街两旁的宣传牌上的"学习雷锋,奉献他人,提升自己"十二个大字。我在想,如果公交车上多一些这样真心帮助别人的人该多好啊!

附:话题训练100题

1. 我的愿望
2. 我的学习生活
3. 童年的记忆
4. 我喜欢的节日
5. 我所在的集体
6. 我向往的地方
7. 谈谈广场舞
8. 谈谈城市安全
9. 我的爱好
10. 我的家乡
11. 我知道的风俗
12. 假如我当班长
13. 假日生活
14. 我和体育
15. 购物的感受
16. 我的校园生活
17. 谈谈网络
18. 怎样看待知恩图报
19. 谈谈贺岁片的未来
20. 如何看待明星代言广告
21. 谈谈"博客"
22. 谈谈流行歌曲

23. 怎样看待吃饭"打包"
24. 我最喜欢的电视娱乐节目
25. 谈谈对"海选"的看法
26. 谈谈对"栏目剧"的看法
27. 谈谈素质教育
28. 我喜欢的动物
29. 难忘的往事
30. 谈谈节约与浪费
31. 谈谈空谈与实干
32. 谈谈社会公益活动
33. 如何看待高考
34. 我的专长
35. 我的家庭
36. 我的志愿
37. 我的业余生活
38. 卫生与健康
39. 我喜欢的广播电视节目
40. 我所在的集体
41. 我向往的地方
42. 谈谈美食
43. 谈谈服饰
44. 谈谈购物
45. 谈谈募捐
46. 我的家乡
47. 我的爸妈
48. 我的朋友
49. 我知道的风俗
50. 我的假日生活
51. 我和体育
52. 我的拿手菜
53. 我爱阅读
54. 我的一次旅游
55. 谈谈竞技运动
56. 谈谈素质教育
57. 谈谈常回家看看
58. 谈谈城市堵车现象
59. 在餐桌上……
60. 在公交车上……
61. 在运动场上……
62. 如何看待细节决定成败
63. 如何看待竞争
64. 如何看待节能减排
65. 如何看待一次性用品
66. 谈谈空气污染
67. 谈谈水污染
68. 谈谈食品安全
69. 谈谈尊老爱幼
70. 我喜欢的新闻主播
71. 我喜欢的节目主持人
72. 谈谈"春运"
73. 谈谈"春晚"
74. 谈谈"酒驾"
75. 谈谈"打假"
76. 谈谈"艺考"
77. 谈谈反腐倡廉
78. 谈谈反恐防暴
79. 评《新闻联播》节目
80. 评《星光大道》节目
81. 评《开门大吉》节目
82. 谈谈城市管理

83. 谈谈公益广告
84. 谈谈舆论监督
85. 谈谈"志愿者"
86. 谈谈学生课外辅导现象
87. 谈谈大学生学习与打工
88. 评《中国听写大会》
89. 评《中国成语大会》
90. 谈谈"国是家"
91. 谈谈"善作魂"

92. 谈谈"勤为本"
93. 谈谈"俭养德"
94. 谈谈"和为贵"
95. 谈谈"孝当先"
96. 谈谈"诚立身"
97. 谈谈全面深化改革
98. 谈谈全面依法治国
99. 谈谈全面从严治党
100. 谈谈全面建成小康社会

附：语言训练功夫歌

百篇稿件千遍练，
一个话题练三遍。
练得字正腔又圆，
练得口吐珠玑转。
练得汗水流满面，
练得舌敝唇齿干。
练得月光照窗前，
练得三九不觉寒。
练得功夫整十年，
练得语妙天下传。

第五章　播音创作基础

第一节　备稿

一、备稿的定义

备稿是播音创作基础的重要组成部分,是播音创作活动的开始,是如何播好稿件的第一步。备稿包括广义备稿和狭义备稿两个方面。广义备稿指提高业务水平,包括提高政治理论水平、时事政策水平、学识水平和播音专业水平。

广义备稿是狭义备稿的基础和前提。狭义备稿,就是具体分析、理解稿件的过程。

备稿实际上是两个步骤:一是等稿,二是备稿。播音员往往忽视等稿这一环节,要在等稿的过程中,有计划地安排时事、业务、文化的学习。在等急稿时,要主动到编辑那里看正在编排的稿件,以增加备稿时间。在来稿前的一段时间,要停止练声和闲谈,以免声带疲劳、精力衰退。等稿就是"待命",等稿时不能离开工作岗位。

二、备稿的方法

1. 默读作品

初步了解内容，同时排除文字障碍，将书面语转化成通俗易懂的口语。在默读中，调动创造性的思维活动，加深对稿件的记忆和感受。克服备稿时拿稿就念的习惯，这很不利于对稿件的理解，甚至会形成固定的播音腔调。

2. 分析作品

分析作品一般从创作背景、创作意图、主题思想、结构层次、文章重点等几个方面进行分析。在新闻性稿件中，作品的创作背景、创作意图较为明显，只要播音员加强新闻敏感性，掌握一个时期的报道精神，再结合具体稿件内容，是能够把握的。对于其他作品，应对作品的创作背景、作者的创作意图有深入的了解。

对具体稿件的分析、理解，应主要在结构层次和文章重点上下功夫。要对作品的结构层次进行分解和组合，要找出文章的重点（因为重点是表现主题的精华部分），播读时方能有主次、有轻重，即层次要清晰、重点要突出。并做停连等各种符号标记，以做提示。

有些作品的准备，还要翻阅有关资料，请记者介绍采访情况等，增强对作品的具体感受。

3. 设计表达

主要设计语言表达方式，是播报式，还是播讲式，还是评述式。并根据作品内容和形式，确定重点句、段的有声语言标志，例如某一语句的感情色彩和声音形式。同时，也要设计副语言。

4. 试播稿件

根据稿件内容的难易，可以试播稿件的开头，或试播重点句、段，或播全篇。要在试播中激发播讲愿望，并根据自己的播音风格起好调。

三、备稿的步骤

概括起来,备稿有六个步骤,简称"备稿六步":划分层次、概括主题、联系背景、明确目的、找出重点、确定基调。

1. 划分层次

所谓层次,是指稿件的布局、结构。划分层次是从播音的角度对稿件中的自然段进行归并和划分。归并是把稿件内容内在联系较紧密的段落归并为一个大层次。如果篇幅比较大,还应把内在联系比较紧密的层次归并为一个部分,部分里再分层次。划分是在一个自然段内把内在联系较为紧密的句子划分成一个小层次。短小的自然段可以不再划分,但较长的自然段必须划分。划分稿件层次时要注意,逻辑的划分要服从表情达意的需要。

2. 概括主题

主题是指主要事实中包含的思想含义,也称稿件的中心思想。概括主题既要揭示深刻的思想含义,又要有利于调动播讲者的思想感情。主题的概括要准确、言简意赅,用一两句话即可。

3. 联系背景

背景主要是指稿件的播出背景。播出背景包括两方面的内容:一方面,是指和稿件有关的党和政府的路线、方针、政策等;另一方面,是指国际、国内各方面的现实情况及其变化。我们所联系的背景,一定要从稿件的具体内容出发,切合具体稿件的实际。

4. 明确目的

知道了针对什么而发的稿件后,还要进一步明确通过播出达到什么宣传目的。目的是稿件作者意图的升华,而我们要明确的目的是指播音员主持人的播出目的,即稿件播出后所要达到的社会效果。

5. 找出重点

重点一般是直接表现主题、体现目的、抒发情感、感染受众的地方。重点一般有两种存在形式,一种是集中,一种是分散。集中是指重点集中在某一个或几个自然段中,分散是指重点分散在全篇稿件中。找出重点是为了在播讲中有主有次,在重点上下功夫,次要部分为重点部分的表达服务。

6. 确定基调

基调是指稿件总的感情色彩和分量、播出时总的态度倾向,不是指某一句或某一段的感情色彩和分量,也不是指播音时声音的高低。它体现的是播讲者对稿件认识、感受的结果。①

一碗炒面

草地是红军在二万五千里长征中最难走的一段路程。那里,没有人迹(烟),甚至连一只飞鸟的叫声都难得(很难)听见。在我们视力所及(我们所能看到)的地方,是灰色的云,灰色的草,还有腐草拌着积水的土地(还有腐烂的树木拌着积水的泥土)。每天我们的两只脚就在这又湿又滑的草地上艰难地行进着(向前走着)。这还不算什么,糟糕的是我们都空着肚子,粮食早就见不到了(没有了),连野菜干儿都吃光了。起先(刚开始的时候),军团首长杀了自己的马,分给大家吃,后来连马骨头、马皮都变成珍食美味(美味佳肴)了。但是,为了北上抗日,我们仍然以最大的耐力,忍受着每走一步带来的痛苦,坚持前进。

那时(候)我是党支部书记,又是排长。起先还强打精神,鼓励大家克服困难,可是,自己也渐渐支持不住了。有一天,我简直抬不起脚了。刚出发时,有两个同志扶着我走,后来我觉得他们的情况并不比我好,拖下去三个都要垮台(得垮),使用各种方法摆脱了他们。可是,我自己走了不远,头就涨得老大,眼睛冒金星,两条腿像软面条似的,摇摇晃晃,一下子栽倒在有水的草地里,昏迷过去。当我神志稍微清醒的时候,我想:我要完了,我不能和大家一起到达目的地了。

迷迷糊糊过了很长时间。当我又一次睁开眼睛想看看这个世界时,忽然发现一个三十多岁、憔悴、疲惫都不亚于我的同志(就像我一样的同志),站在我的面前,伤心地望(看)着我。

"怎么? 病啦?"

---

① 付程:《实用播音教程第 2 册——语言表达》,中国传媒大学出版社 2002 年版,第 2—4 页。

"不。"我苦笑着说,"……两天……什么也没吃了,走不动……"我尽所有的力气想把声音放大一些,使他明白我的处境。

"啊!是这样。"他连忙低下头来,解开已经空了大半截的米袋,从里面倒出一碗黄灿灿的炒面来。那是多么好的炒面啊!我闻到那香喷喷的味道,恨不得一手抓到嘴里大嚼一番(一把抓过来,放在自己的嘴里)。可是,当我看见那已经差不多空了的袋子时,我的心一沉,便说:"你也要赶路,我怎么能要你仅有的一点口粮呢?"

他见我这样,流下泪来(流下了眼泪),并且用嗔怪(责怪)的语气对我说:"同志,你(都)到这个地步(了),还想那么多干吗。我不能亲眼(眼睁睁地)看着自己的同志活活饿死。"我也流泪了,这是感激的泪,一时不知道再说什么好。

他又从小沟里弄来一碗清水,和炒面一起推给我,并且不住(断)地叮咛(说):"不要急,慢慢吃。"我吃了东西,渐渐有了生(力)气,两腿也觉得有劲了。开始他怕我身体虚弱,还扶着我走了很长一段路。

第二天,我顺利地赶上队伍,到了有人烟的地方。

我很懊悔,由于当时过分激动和兴奋,竟然忘记了问他的名字。不过我知道他是红军战士,是千百万个红军战士中的一个。

分析与提示:

这是一篇生动感人的红军战士长征的故事,播讲者该怎样表达好这篇作品呢?我们要从分析理解稿件入手。本文大的层次可分为四个部分:

第一自然段是第一部分,描写红军战士在长征路上的艰难处境。

第二自然段是第二部分,描写作者本人的处境。

第三至第八自然段是第三部分,描写作者遇到一位红军战士给了他一碗炒面,因而得救了。

第九至第十自然段是第四部分,是结尾,描写作者顺利地赶上队伍。

全篇的重点是第三部分,作者在绝望中见到了希望,一碗炒面折射出革命战士之间患难相助、同心协力的阶级友爱精神。

在分析稿件过程中,要将书面语改成口语,文中加( )的是修改了的稿件内容。

本文以第一人称"我"的口吻,讲述"我"的故事,播讲者以"我"的口吻转述这篇作品,与作品中的"我"的情感交织在一起,撞击出情感火花。本文的感情色彩是悲与喜的交融,全篇节奏为沉缓型。

分析、理解稿件,并产生强烈的播讲愿望,这时可以试播了。通讯故事播好题目很重要,"一碗炒面"这四个字要有先声夺人的感觉,要有深情的色彩。

第二节　内部技巧

一、播音创作情感

1. 播音创作情感的酝酿

创作情感是指播音员主持人赋予具体稿件的情感。这里,要把握以下几点:

(1)见到稿件、话筒、镜头、观众,要调动情感。

(2)酝酿创作情感的时间要集中,以免情感的爆发力减弱。

(3)要有强烈的播讲愿望。在备稿时,使注意力集中在稿件上,有一种要把稿件内容传达给受众的迫切愿望。

2. 播音创作情感的生发

播音中情感的生发必须在播音员主持人"进入稿件"时才能获得。"进入稿件"就是"情感投入"。当稿件中所表现的情境和播音员主持人创作情感融合的时候,感情的生发就达到了自如的阶段。

播音中情感运动的要求是"进得快、出得慢"。情感进得快,是播音前情感酝酿的结果;情感出得慢,是播音时情感生发的结果。有些播音员主持人的播读状态和上述要求相反,感情"进得慢、出得快"。这是因为播音前缺少情感酝酿的过程,缺少强烈的播讲愿望。

播音结束前的情感延续很重要,要先收声,再收气,后收情。

3. 播音中情感的转换

(1)情感转换是有规律的,例如明转、暗转、急转、慢转、顺转、逆转等。就是在同一情感类别里,也有程度和分寸的不同,有的转换明显,有的转换细微。

(2)情感转换是在播音员主持人思想感情运动状态下进行的,即在"动"中"转",是波浪形的,不是锯齿形的。

(3)情感转换要在总的感情色彩和语气色彩的统一、变化中进行。

4.播音创作情感的要求

(1)真挚。情真意切,言必由衷,发自肺腑,切忌做作和虚假。

(2)丰富。感情表达丰富而强烈,澎湃的激情如泉水涌流。

(3)细腻。表达情感不同层次的细微差别。

(4)含蓄。情感耐人寻味,切忌直白和浅露。

(5)贴切。感情分寸恰到好处,不过也无不及。

(6)变化。情感有起有伏,使语言表达"动"起来、"活"起来。同时,情感变化要有依托。

5.播音创作情感的类型

播音创作的情感类型应依据稿件的内容、体裁、题材特点而定。播音创作情感类型大体可归纳为以下几种:

(1)豪放型。如苏轼的《念奴娇·赤壁怀古》。

(2)高亢型。如陈毅的《梅岭三章》。

(3)舒展型。如舒婷的《致橡树》。

(4)沉缓型。如巴金的《愿化泥土》。

(5)愤怒型。如海涅的《西里西亚的纺织工人》。

(6)温柔型。如张俊以的《怀抱》。

(7)亲切型。如朱自清的《小草》。

(8)忧伤型。如余光中的《乡愁》。

6.情感、声音、气息、技巧的关系

情感与声音、气息、技巧的关系可以概括为:情动于内—声发在外—气运其中—技表各方。

(1)情动于内。感情发自内心,这是有声语言创作的基础,要有真挚、丰富的情感。

(2)声发在外。声音是外壳,感情的抒发要靠声音来表现,要有好的声音弹性和声音效果。

（3）气运其中。内在的情感靠声音表现，而声音的表现又靠气息的运动和变化。

（4）技表各方。无论是情感、气息和声音的运用都有技巧。情感有真挚、丰富、细腻、含蓄、贴切、变化的技巧，气息有换气、偷气、顿气、就气、提气、收气的技巧，声音有音高、音强、音长、音色的弹性变化和吐字归音技巧，语言表达有停连、重音、语气、节奏运用的技巧。根据表意的需要，运用各方面的技巧，形成一个有机的整体。

情感、声音、气息、技巧的关系可以概括为：丰富的情感＋可塑的声音＋自如的气息＋娴熟的技巧＝有声语言的表现力和感染力＝语言艺术美。

二、情景再现

情景再现是播音员在播音创作中调动思想情感使之处于运动状态的重要手段，是具有播音特点的重要术语。情景再现在播音中具有特定含义：在符合稿件要求的前提下，以稿件提供的材料为原型，使稿件中的人物、事件、情节、场面、景物、情绪……在播音员脑海里不断浮现，形成连续活动的画面，并不断引发相应的态度、感情，这个过程就是情景再现。情景再现也是一种联想和想象活动，不过它不是任意驰骋的，它要求以稿件提供的材料为原型，要符合稿件的需要，要服务于视听的需要。[1]

1. 情景再现的过程

（1）理清头绪。我们脑海里连续的活动的画面开头是什么？接下去是怎么变化的？以后又怎样发展？结果是怎样的？哪里是横向扩展的？怎样扩展？详细到什么程度？哪里是重点的"特写镜头"？哪里是较为粗疏的"远景"、"全景"？哪个"镜头"大笔勾勒，哪个"镜头"工笔细描？这些在播音中要心中有数，不可走过场，也不可陷进去。

（2）设身处地。要把稿件所叙述、描写的一切，作为亲身所见、亲耳所闻、亲身经历，进入具体的事件、场面中，不能袖手旁观、闭目塞听。

---

[1] 付程：《实用播音教程第2册——语言表达》，中国传媒大学出版社2002年版，第33页。

(3)触景生情。当某种生活图景在脑海里浮现时,我们一定要作出积极的反应,稿件是写情于景的,我们就要触景生情。触景生情是情景再现的核心,播音中特别强调积极的反应,在毫无准备的情况下,一个具体的"景"的刺激,应当马上引起我们具体的"情"的反应,而又完全符合稿件的要求。

(4)现身说法。把情景再现的过程转述出来,是播音员始而有意、继而实现的责任。播音员头脑中再现了稿件的情景,经过自己的消化吸收、加工制作,使受众产生某种情景的再现,从中受到感染,才算完成了自己的任务。[①]

2.情景再现的要求

(1)以稿件的材料为依据,在分析理解稿件的基础上进行。

(2)运用联想和想象,再现场景、画面。

(3)情景再现不是创作目的,而是创作手段,应该在需要的地方再现情景。

"小芦——"、"亚带——"战友们追着洪水狂奔、呼叫,风在呼啸,水在咆吼,山谷里回荡着战友的悲鸣,但再也听不到这位年仅21岁的战友的回音了。(选自《一株小草》)

李冰是中国医学科学院日坛医院的党委书记、著名医生。她刚刚走出手术室,听说周总理叫她,又急忙返回来,俯下身说:

"总理,你觉得怎么样?"

"我,很好……李冰……"

"嗯,我在这儿。"

周总理停了一下,轻轻喘口气,看得出他很虚弱。(选自《手术之后》)

军长愣住了,他望着雕像般的军需处长,眼泪成串成串地流了下来,他高高地举起那只鲜红的辣椒,在铅灰色的天穹下,在迷漫的雪雾中,辣椒就像一把燃烧的火炬,照耀着前程。(选自《军礼》)

在我们视力所及的地方,是灰色的云,灰色的草,还有腐草拌着积水的土地。每天我们的两只脚就是在这又湿又滑的草地里艰难地行进着。(选自《一碗炒面》)

---

① 付程:《实用播音教程第2册——语言表达》,中国传媒大学出版社2002年版,第33—34页。

山崖上有株如伞如盖的大树,在熹微的晨光里,如同一团深色的云在飘,一只白孔雀飞过树冠,翅膀忽悠忽悠地缓缓扇动着,仿佛翩翩而来的天使。(选自《墨绿色的童伞》)

三、内在语

播音的内在语,是指那些在播音语言中所不便表露、不能表露或没有完全表露出来和没有直接表露出来的语句关系和语句本质。它是帮助播音员主持人把稿件变成自己想要说的话,使自己的思想感情运动起来,提示播音员主持人找到恰当的表达语气的重要方法。①

1. 内在语的作用

(1)揭示语句本质。语句本质是结合语言环境和上下文来确定的语句的深层的内在含义。在播音中,播音员主持人在对稿件文字进行全面深入的理解感受的基础上,应结合具体语言环境和上下文来准确把握语句深层的内在含义,即内在语。稿件文字表面的意思,即语句的表层含义与语句的深层含义存在同向同质和非同向同质的区别。有的即使基本上同向同质,但语意上也有细微差别。这就需要播音员主持人结合上下文具体的语言环境,准确把握语句目的,确定内在语。

(2)揭示语言链条。语言链条是指语句间的逻辑关系。稿件的句、段、层次构成了全篇整体。播音员主持人通过补设隐含的关联词和短语把文字语句间的逻辑关系揭示出来,搞清句与句、段与段、层次与层次是怎样衔接成一个有机整体的,获得或并列、或互为因果、或转折、或分合、或递进、或让步、或假设等逻辑感受,从而明确稿件上下衔接、前后照应的承续关系。

2. 内在语的基本类型

(1)发语性内在语。发语性内在语,就是在呼号、语句、段落、层次、稿件、节目起始处之前,加上适当的词语,播音员主持人把这些词语在心里播出来,并与稿件原来开头的词语自然地衔接,将其"带发"出来。其作用是帮助播音员主持

---

① 付程:《实用播音教程第2册——语言表达》,中国传媒大学出版社2002年版,第74页。

人把开头播好。

(2)寓意性内在语。寓意性内在语是稿件文字的"弦外之音",是隐含在语句深层的内在含义,是结合上下文语言环境挖掘出来的语句本质和语句目的。特别是那些在意向色彩或程度分寸上,与文字表面并非截然对立而差别细微的语句本质。

(3)关联性内在语。它是指那些没有用文字表示出来的语句关系。具体说,就是那些体现语句逻辑关系和语法意义的隐含性关联词和短语。

(4)提示性内在语。提示性内在语用于语句、段落、层次之间,也是为了解决上下语气衔接的问题。如果说关联性内在语重在使语句逻辑关系更加严密,那么提示性内在语则更注重使语气表达富于灵动的活力。播音员主持人可以通过设问呼应、提醒关注、表现情态、展示过程、感叹强调等提示性内在语的设定,使语气的表达更加丰富多彩,使自己的创作思维和创作个性更好地发挥和施展。

(5)回味性内在语。在稿件段落、层次和全文结尾处设置相应词语,提示播音员主持人的语气或回味、或思考、或想象、或憧憬,给人以语已尽、情尚存的印象,这就是回味性内在语。回味性内在语的形式有四种:寓意式回味、反问式回味、意境式回味、线索式回味。

(6)反语性内在语。反语性内在语直接体现了表层意义与深层内在含义的对立关系或对比关系。语句深层内在含义与文字表层意义相对立的称为对立型反语内在语;通过反问来表达确定意思的内在语称为反问型反语内在语。利用语音或语意的关系,使语句同时兼顾两种事物的内在语称为双关型反语内在语。语句本质与表层意思同向同质,但在表达的语气中却需渗入一定的与语句意义有别的色彩,这样的内在语称为非对立型反语内在语。[①]

四、对象感

即使面前有人,可以当面交流,但也是为了"不在场的"广大受众,因此播音员必须设想和感觉到对象的存在和对象的反应,必须从感觉上意识到受众的心理——要求、愿望、情绪等,并由此调动自己的思想感情,使之处于运动状态。[②]

---

① 付程:《实用播音教程第 2 册——语言表达》,中国传媒大学出版社 2002 年版,第 74 页。
② 张颂:《播音创作基础(第三版)》,中国传媒大学出版社 2011 年版,第 77 页。

1. 对象的设想

对象的设想,必须从量和质两方面去进行,质的方面又是最根本的。所谓量的方面,是指性别、年龄、职业、人数等有关对象的一般情况。所谓质的方面,是指环境、气氛、心理、素养等有关对象的个性要求。①

2. 对象感的获得

广播电视中的对象节目,是专为特定对象组织的节目,当然就要为特定对象播音。

在非特定对象节目的播音中,同样应该具体设想对象,以便获得具体的对象感。为了获得对象感,在量和质两方面的具体设想是相辅相成的,不可孤立对待。为了获得对象感,我们应尽可能地熟知各种对象的情况。②

第三节 外部技巧

一、停连

"停",指语流行进中声音暂时休止和中断的地方,即停顿,"连",指连接。停连既是生理需要,也是心理需要,不仅能使表达准确、清晰,而且能推动情感、节奏、速度的变化。

1. 停连的作用

(1) 体现语法和篇章结构

①停连可以体现语法结构。如:"这一定是党委书记兼经理老郭的主意。"要在"是"字后安排顿挫,而不要在"兼"字前安排顿挫,以体现"党委书记兼经理"并列的语法结构。又如:"《中国青年报》就向张华同志学习发表文章。"不能在"向"字后安排停顿,以体现"向张华同志学习"的介词结构。

②停连可以体现篇章结构。如消息的导语、主体、结尾之间,评论的论点、

---

① 张颂:《播音创作基础(第三版)》,中国传媒大学出版社2011年版,第77页。
② 张颂:《播音创作基础(第三版)》,中国传媒大学出版社2011年版,第78页。

论据、论证之间,通讯的段落、层次之间都要安排长短不等的停顿。没有准确的停连,就会使文章模糊一片,影响听众对稿件的理解和感受。

(2)体现感情和节奏的变化

一般说来,表现强烈、急促的感情和节奏多用连接,但"连"中也有"停",以"连"为主。如:"突然,一辆大型'红旗'牌轿车紧贴着我身边的左侧,嘎地停住了"。表现凝重、沉缓的感情和节奏多用停顿,"停"中也有"连",以"停"为主。如:"这时,李月华又昏过去了。"在"又"的前后都可以安排停顿,以表达凝重和沉缓的情感。在停顿较多的句子里,要特别注意感情的连贯,"声"断"情"连。

(3)体现特定的语言环境

看下面的一段对话:

张大娘:哎,李大夫,我已经把糖茶水准备好了。你看,这个温度往里放红茶菌膜行不行?

李大夫:不行,这水太热了。

……

张大娘:红茶菌膜在什么样的温度下才能长好呢?

李大夫:最合适的温度是摄氏25°～30°。大娘,您这个玻璃瓶子里好像还不太干净……

在张大娘说"这个温度往里放红茶菌膜行不行"之后、李大夫说"不行"之前,有个明显的停顿,以体现李大夫用手试摸瓶子温度的动作过程。在李大夫说"最合适的温度是摄氏25°～30°"之后,"大娘,您这个玻璃瓶子里好像还不太干净"之前,也要有个明显的停顿,以体现李大夫仔细看瓶子的动作过程。如果在上述两个地方不安排停顿或停顿时间太短,就体现不出这些动作过程,也就体现不出特定的语言环境。

2.停连的运用

(1)停顿和重音相配合

停顿和重音的关系十分密切。如果把思想感情的运动比作大江奔流,那闸门就是"停顿",那激起的水柱就是"重音"。一般说来,重音前有停顿,停顿后常常是重音。重音前没有停顿,重音的突出往往受到限制。如:"举办向张海迪学习歌曲演唱会",在"向张海迪学习"的重音前后都要安排停顿。又如:"有的人活着,他已经死了;有的人死了,他还活着。"在重音"活"和"死"的前面都要安排停顿。

(2)停连和气息相依存

气息的控制能力对恰到好处的停连起着重要作用。气息不足,不可能有好的停连效果。同样,恰当的停连又能节省气息并使气息得到及时的补充。在语流行进中,选好时机,在间歇时换气,在停顿中补气,在顿挫处偷气。

(3)停连的位置和时间

关于停顿的位置,前面已经涉及。初学者由于对稿件缺乏深刻理解,或由于紧张等原因,往往是段落之间"连"多"停"少,语句之间又"停"多"连"少,在一句话中语句缺少错落有致的变化,听不出节奏感。

停顿的时间取决于稿件体裁、形式的特点,感情、节奏的变化以及气息的运用和播音风格等。

(4)停连符号的使用

"▲",顿挫号。停顿时间极短或较短,一般用在句子中间没有标点符号的地方。

"∧",停顿号。停顿时间稍长,常用在有标点符号的地方,有时也用在没有标点符号的地方。

"≈",间歇号。停顿的时间较长或很长,常用在层次、段落或结尾处。

"⌣",连接号。常用在有标点符号但需要连接的地方。

二、重音

为了准确地表达稿件的主题、思想感情,语句中词和词组处于不同的地位,那些被着重强调的词或词组,就是重音。

1. 重音的确定

(1)逻辑重音

从语意的内在联系(逻辑关系)中确定的重音通常叫逻辑重音。如:

人总是要死的,就看怎样死法,是屈辱而死呢,还是为民族利益而死?

此句应强调"屈辱"和"民族利益",以形成鲜明对比,体现逻辑力量。

(2) 感情重音

在表达感情最强烈的词或词组上确定的重音通常叫感情重音。一般情况下,感情重音和逻辑重音相一致,但它主要是为表达强烈感情的需要而强调某个词或词组的。如:

我知足啊,我不争你那几个饺子吃啊!

只有强调"知足"和"不争",感情才能充分表达出来。

(3) 语法重音

从语法结构上确定重音,通常叫语法重音。语法重音应服从于逻辑重音和感情重音。如:

升起来了,帆!腾飞吧,中华!

从语法结构看,"升"和"腾飞"是谓语,"帆"和"中华"是主语,原意是"帆升起来了","中华腾飞吧"。为了强调谓语,把谓语提前,叫谓语前置。这两句话的重音在"升"和"腾飞"上,而不在"帆"和"中华"上。

上述几种确定重音的方法不是孤立运用的。有时被强调的词组既是逻辑重音,又是感情重音,也是语法重音。

张颂先生列举了10类重音,指出了确定重音位置的规律。这10类是:①并列性重音;②对比性重音;③呼应性重音;④递进性重音;⑤转折性重音;⑥强调性重音;⑦比喻性重音;⑧拟声性重音;⑨肯定性重音;⑩反义词重音。[①]

(4) 主要重音和次要重音

在语句特别是在复句中,有的词或词组处于重要地位,有的处于次要地位,这就出现了主要重音和次要重音的区别。如:

黎少钦卖肉,顾客要瘦的砍瘦的,要肥的砍肥的,尤以质好秤足在顾客中赢得了信誉。

在这一句子里,"质好秤足"为主要重音,"瘦"和"肥"为次要重音。

2. 重音的表达技巧

(1) 加重法

用加强声音强度来表现重音,以体现稿件的内在联系,加强逻辑力量。如:

[①] 张颂:《播音创作基础(第三版)》,中国传媒大学出版社2011年版,第98—103页。

什么是"医德"？医德就是每个医务人员的职业道德。

(2)延伸法

延长重音音节，常用来表达深切的内在感情，或在特定语言环境中使用。如：

一顿酒席吃掉了两万多斤小白菜，这是在吃广大社员的血汗哪！（血——汗——哪）

(3)顿挫法

在重音前安排停顿，以突出重音。句子里的引语为重音时，它前面往往安排停顿。如：

这些采掘"黑宝石"的地下尖兵们，难道不值得爱吗？那么"红娘"啊，你在哪里？

(4)轻读法

重音轻读，常用于表现感情深沉的语词。重音轻读的表现方法常被人们忽视，以为重音只能重读，这是一种误解。如：

他的病越来越重了。

(5)反调法

文字上是肯定词语，实际上是表示否定的意思，这类重音叫反义性重音。反义性重音要用反调的语气来表达。反调法既要使人从语气上听出是反语，又不要过分夸张，特别是正论文中的反语。如：

狼总是不甘寂寞的。它在吃了羊之后，还要表示自己是"善良"的。

3.重音表达的问题

(1)误用重音

重音的使用不合逻辑和语法。

(2)习惯性重音

根据自己的语言习惯，随意地突出重音。例如，有的播音员播出稿件时喜欢在"不但……而且"、"如果……就"、"因为……所以"、"还"、"和"、"在"、"来"等字上加重音。

(3)多重音

抓不住重点,看哪都重要,都想突出。重音太多,冲淡了真正的重音,使语句变得生硬和死板,给人以夸张感。

(4)无重音

语句读得平淡无奇。这是对稿件的理解不深和感情上的无动于衷,表现在语言技巧上就是无重音。

(5)单一性重音

重音的确定是准确的,但表达方法单一,多用加重法表现重音。有时由于用力过大,重音突兀而起,给人不和谐之感。

(6)缺少次重音

没有次重音,主要重音的强调容易给人以"拔地而起"之感。要协调主要重音和次要重音,使语句的表达既有大的"浪花",又有小的"波纹"。

三、语气

语气是思想感情运动状态支配下语句的声音形式。从表达上说,语气是语句的感情色彩、分量和声音形式的综合体现。

1. 语气的感情色彩和分量

(1)语气情感色彩和分量的概念

语气的感情色彩是指语句在全篇总的基调中所表现的感情方面的具体性质。例如,是赞成还是反对,是严肃还是亲切,是从容还是焦急,是喜悦还是悲愤,等等。有些词语本身就有褒贬,有的是中性。这是把握语句感情色彩的基本依据。

语气的感情分量,是指感情色彩的不同程度的区别,即色彩的浓淡,或者说是感情的分寸、火候。

感情的千变万化,使得感情分量的差别有时极其明显,有时又特别细微。可以用五度法表示为:重度、中重度、中度、中轻度和轻度。

(2)语气感情色彩和分量的把握

①深刻理解稿件。如果对稿件的理解模糊、肤浅,主题不清、目的不明,就无法准确地把握语气。

②语气要服从于全篇总的基调。要在确定全篇基调之后,研究和确定具体

语句的语气。但全篇基调的确定代替不了对具体语气的把握,语气与基调既是统一的,又是变化的,并且,变化是主要的。

③语气要准确地体现语意。任何语气的轻微变化都会影响语意的表达。如,"他的论文获奖了",可以是肯定、赞扬的语气,也可以是否定、讽刺的语气。

④语气依托于语言环境。离开了语言环境,语气也就没有了依托。

⑤语气受稿件体裁的影响。一般来说,新闻、消息语气的变化不大,比较好把握,但语气易平淡、缺乏色彩。通讯语气的变化较大,特别是人物语言的语气对表现人物性格和内心活动起着重要作用,对语气的把握必须准确、细腻。

⑥语气与声音、气息密切相关。语气的准确表达不仅和声音的高低、强弱等声音的弹性有关,而且和气息的多少、深浅等相关。

2. 语气的声音形式

语气的声音形式是在思想感情运动状态支配下的语流中形成的。由于思想感情的千变万化,体现这种感情的声音形式也就千差万别。所以,不能孤立地、静止地研究和运用语气的声音形式。张颂先生用"语势"这个概念说明语气的声音形式。语势,指一个句子在思想感情的运动状态下声音的态势,或者说有声语言的发展趋向。这中间,包括气息、声音、口腔状态三大方面。声音,当然是音色、音高、音强、音长的综合。为了约略了解语势的情况,我们将有声语言中的语势分为五种基本形态:波峰、波谷、上山、下山、半起。①

下面举例说明语气的感情色彩、分量和声音形式是怎样体现出来的。

以下是通讯《人民的好医生——李月华》的片段:

> 李月华喘息片刻,向赵斌要过听诊器,让他扶着自己慢慢站起来,为产妇又作了一次检查。
>
> "心音很好!"说罢,一下子昏倒在床边。
>
> "李医生!""月华!"
>
> 李月华慢慢苏醒过来了。室内紧张的空气缓和下来。

这篇通讯塑造了全心全意为人民服务的好医生李月华的形象,总的基调是赞扬的。由于她是在忍受着自己的病痛抢救病人,使得全篇的节奏不是明快

---

① 张颂:《播音创作基础(第三版)》,中国传媒大学出版社 2011 年版,第 106—107 页。

的,而是舒缓的。上面的短句出现了三个人物的语言:"心音很好"(李月华的话),"李医生"(某个医生的话),"月华"(赵斌的话)。"心音很好"应是喜悦的色彩。由于是忍受着病痛所说的,这句话的分量是轻度。它的声音形式大体是:音高是低的,音强是弱的,音长则稍长。气息受到控制,声音流动的速度缓慢。"李医生"和"月华"是惊慌的色彩,分量应是中重度。它们的声音形式大体是音高稍高,音强稍强,音长则稍短。气息急促,声音流动的速度较快。

又如:《一个官员的死》中小庶务官切尔维亚科夫与将军的一段对话:

"对不起,大人,我把唾沫星子溅在您身上了……我一不小心……""不要紧,不要紧……""看在上帝的面上,原谅我。我……我不是故意要这样。""唉!请您坐好吧!让我看戏!""我把唾沫星子喷在您身上了,大人。……原谅我……您明白……我原本无意。""唉!够了……我已经忘了,您却说个没完!"……我做梦也没想到过拿您开玩笑,我哪儿敢拿您开玩笑?要是我们沾染上了开玩笑的习气,那就会失去……对人的尊敬……""滚出去!"

小庶务官的感情色彩是唯唯诺诺和虚伪,将军的感情色彩是坦直和严肃。色彩分量是轻度和重度的对比,声音形式是弱、长、慢和强、短、快的对比。

四、节奏

"节奏"这个概念,最早用于音乐艺术,后来也用于戏曲和其他语言艺术。有声语言的节奏应该是思想感情运动波澜起伏所造成的抑扬顿挫、轻重缓急的声音形式在全篇中的体现。

1. 节奏运用的基本方法

(1)欲扬先抑,欲抑先扬

这里所说的"扬",是指语流行进中声音的趋势是向上发展,"抑"则是向下发展。要想推进情感,要"扬"上去时,先要"抑"下来,要先控制一下感情和声音,这样,才能"扬"上去。同样的道理,要抑制一下感情时,在"抑"之前,先要"扬"上去,这样,才能"抑"下来。从声音上讲,"扬"声音要高,"抑"声音要低。"欲扬先抑,欲抑先扬"是形成抑扬顿挫的节奏感的重要方法。

(2)欲慢先快,欲快先慢

情感的表达要求在速度上放慢些,那么,在"慢"之前先要"快"些,反之,要想"快"些,先要"慢"些。"快"时不要赶,也不要喊。"慢"时,不要拖,也不要散。要"快"就没有"慢",一"快"到底,要"慢"就没有"快",一"慢"到底,是没有变化、节奏单一的表现。在较为舒缓的语流中找出需要加快的地方,这就是"慢中快"、"停中连"。在较为急促的语流中找到需要放慢的地方,这就是"快中慢"、"连中停"。

(3)欲重先轻,欲轻先重

"重"和"轻"也是对立的统一,没有"重"就无所谓"轻",没有"轻"也无所谓"重"。要想重读的地方,在重读之前要轻读;要想用轻读表达感情,在轻读之前需要加重一些,这样,才能轻下来。

运用扬抑、高低、快慢、轻重形成的节奏变化,可以使感情的表达更加丰富和细腻,提升了语言的表现力和感染力。

2.节奏运用的总体要求

播音语言艺术的节奏变化规律可概括为:低而不蔫,高而不喊;慢而不拖,快而不赶;轻而不浮,重而不板。

(1)符合稿件要求

结合对稿件的理解、感受,准确分析并把握其节奏的类型,节奏必须符合稿件所表现的各种思想感情的变化,符合总的基调。

(2)多层次

抑扬、快慢、轻重的变化不是简单的一抑一扬、一快一慢、一重一轻的声音形式,而是在情感变化中形成的多层次的节奏变化。"抑"也不一定都是"轻"和"慢","扬"也不一定都是"重"和"快",不应有固定模式。

(3)加强对比

加强对比是形成鲜明节奏感的好方法。在对比中,该突出的突出,该削弱的削弱,一般是突出后句、削弱前句,突出正句、削弱反句。但对比的幅度要适当,要控纵有节。

附：播音创作 ABC

A. 深入理解——具体感受——形之于声——及于受众。
B. 情感丰富——声音可塑——气息自如——技巧娴熟。
C. 即兴表达——交流互动——用心播音——用爱传扬。

语言表达技巧歌

喜怒哀乐哭与笑，情感变化真奇妙。
音高音色明与暗，声音弹性真奇妙。
重音语气停与连，表达技巧真奇妙。
抑扬顿挫急与缓，节奏变化真奇妙。
偷气换气推与收，气息控制真奇妙。
讲述评说播与报，语言样式真奇妙。
临场发挥想与说，即兴口语真奇妙。
幽默诙谐表与演，魅力语言真奇妙。

第六章　新闻播音

第一节　消息播音

一、消息的特点

1. 真实性

新闻是新近发生的事实的报道。新闻的真实性是指新闻报道中的何时（when）、何地（where）、何事（what）、何因（why）、何人（who）五个要素都必须符合客观事实。

2. 及时性

对新近发生的事实进行报道，要求报道者迅速及时，要求被报道的事实新颖鲜活。

3. 公开性

"报道"是指经过大众传播媒介的公开传播，而不是以人际传播的方式传播。[1]

---

[1] 雷跃捷：《新闻理论》，北京广播学院出版社 1997 年版，第 72 页。

二、消息的结构

一般来说,消息的结构分为导语、主体和结尾三部分。主体部分一般是新闻的背景材料,详细说明新闻事实过程。结尾部分一般是导语的呼应。

今天是第一汽车制造厂休息日,可全厂到处是火热的劳动景象。广大职工积极参加厂里开展的"滁县日"活动,为安徽省滁县地区农民生产解放牌汽车。

安徽省滁县是宋朝大文学家欧阳修的名篇佳作——《醉翁亭记》中所写的醉翁亭所在地。琅琊山绵延环绕滁县四周,"峰回路转",交通十分不便。

党的十一届三中全会以后,滁县地区是我国比较早实行大包干责任制的地区,农业生产获得连年丰收。1982年粮食产量比1979年增长近一倍。油料产量4年增长4倍多。大量农副产品等待外运,急需运输工具。

第一汽车厂应安徽省委、省政府的要求,决定利用今天休息日,开展一个"滁县日"活动,专门为滁县地区农民在计划外生产汽车200辆。广大汽车工人怀着"多出车、出好车,支援农民兄弟劳动致富"的心情,精心装配,一辆辆海蓝色解放车欢快地开出总装配线。

上午10点钟,第一批50辆解放牌汽车已经装上火车,发往安徽。

例稿中,第一自然段为导语,第二、第三自然段为主体部分,第四自然段为结尾部分。

导语一般具有五要素:何时、何人、何地、何事、何结果。

在青海省互助土族自治县巴扎藏族乡的一个偏僻山村里,最近出了一件震动全省的新鲜事:72岁的老农民、共产党员胡森林为本乡学校捐款6.4万元。青海省人民政府和海东行署分别赠送了写有"功德无量"、"造福后代"的横匾,褒扬胡森林献巨款资助办学的举动。

胡老汉是采金能手,他住着旧土屋,过着清贫的日子,却把采金所得的大部分收入捐给了学校。他说:"我吃了没文化的苦头,只想娃娃们多念点书,多出几个对国家有用的人才。学校困难多,党和国家眼下拿不出更多的钱。我是个党员,应当为党分忧。"

何人:胡森林。

何时:最近。

何地:青海省互助土族自治县巴扎藏族乡的一个偏僻山村里。

何事:胡森林向本乡学校捐款6.4万元。

何果:青海省人民政府和海东行署分别赠送写有"功德无量"、"造福后代"的横匾,褒扬胡森林献巨款资助办学的举动。

三、消息播音的要求

1. 了解稿件背景

播音员必须学习党的方针、政策。过去常用的一句话是"吃透上头精神","了解下面情况",做到"心中有数"。这样,在传递新闻信息时,才能更准确、更有分寸感。

2. 重视播音态度

(1)客观性

消息播音应该突出新闻事件的客观性,态度客观是对播音员的基本要求。播音员必须以稿件为基础,不能过多地表露出个人情感。

(2)倾向性

消息报道是有倾向性的,播音员应该体现稿件所具有的情感色彩。

四、消息播音的语言样式

1. 宣读式

宣读式消息播音主要用于主席令、公告、通告、讣告、命令、通知、名单、简历、电文等。

宣读式播音的基本要求是:照本宣科、郑重宣读,以体现消息的重要性和严肃性。情感庄重、声音坚实、气息通畅、逻辑严谨、语音规范、语句规整、色彩丰满、节奏平稳、语速适中。

由于稿件内容、形式不同,宣读式消息播音也存在差异。例如贺电和讣告就有很大差别,命令和通知也不一样。

2. 播报式

播报式新闻播音要理解稿件的精神实质,对稿件中的长句子、难句子快速进行处理。要掌握节奏,声音的高低、语速的快慢、语句的疏密都是在"微调"中进行的。

播报式新闻播音的语言特点是:真实准确、吐字清晰、语言流畅、语句工整、节奏明快、声音适中、庄重大方、朴实无华。

3. 播说式

重大新闻一般采用宣读式或播报式,而常态新闻、民生新闻适合播说式。

(1) 播说式的特点

①庄重性与亲切性相统一。说它庄重,因为它要体现新闻的真实性和严谨性。说它亲切,因为其内容大都是人们关心的新鲜事,特别是民生新闻更要体现与受众的贴近性。

②共性和个性相统一。播音员是新闻宣传工作者,又可以个人的身份、角度解读新闻,表达符合稿件内容的情感、态度。例如中央电视台综合频道的《新闻直播间》和财经频道《第一时间·读报》,其新闻主播的语言都具有播说式的特点。

③语速较快。在语言技巧上"连"多"停"少、快速推进。播音员要掌握"提""放"技能,"提"是"突出","放"就是"带过"。

(2) 播说式的要求

①细致处理稿件。要对稿件进行细致的处理,包括结构、语序、词语等。如果将新闻稿件拿来就用,播音员很难进入播说状态、产生播说效果。

②要有交流感。交流感可以增强新闻传播的对象性,实现较好的传播效果。

五、消息播音的情感类型

1. 庄重型

常用于播读重大并被人们普遍关注的新闻,如党代会等。播音时,情感饱满,语调高昂,气息稳劲,推进力强。

2. 热烈型

常用于播读庆典活动报道、国家领导人贺电等。播音时,感情饱满,情绪热烈,节奏明快。

3. 平和型

常用于播读一般性新闻。播音时,态度客观,语言流畅,语调自然。

4. 沉缓型

常用于播读重大灾难报道。播音时,情感悲痛,语调低沉,节奏缓慢。

5. 严肃型

常用于播读国际报道、批评报道。播音时,态度严肃,观点鲜明,分寸恰当。

6. 客观型

常用于播读国际报道,一般为不表明态度的客观播报。

六、消息播音的提速技巧

1. 语速的制约条件

(1) 稿件内容

表 6-1 稿件内容对语速的制约

内容	情感	语速
重大新闻	高亢	中速
常态性正面消息	热情	中速偏快
批评性稿件	严肃	中速偏慢
重大灾难事故	悲伤	慢速

(2) 播出时段

表 6-2 播出时段对语速的制约

时段	早晨	午间	晚间
语速	中速	中速偏快	中速偏慢

(3)媒介

广播只用声音传播新闻信息,语速较快。电视声画结合,为配合画面,语速快慢结合。

(4)受众

针对青年人的节目,语速偏快;针对儿童、老年人的节目,语速偏慢。

2.提速的技巧

(1)打破标点符号的限制,在整体内容的宏观控制和驱动下,少停多连,用语气转折和错落(而不用停顿)来区分层次是提速的有效方法。

(2)利用语流的疏密变化,加大层次、段落之间以及语句内部的主次对比。①

(3)学会"带过"技巧,将非重要语句一带而过。口腔控制能力要强,使字在"带过"时仍然清晰,而不是含混不清。

(4)提高叼字能力,使声母的清晰度加强,韵母动程缩短,声调的神韵加强,但调值长度缩短。

(5)提速"有度"。所谓"有度",就是说听和说的速度都不是可以任意加快的,它总有个限制,不能超过让人说得明、听得清的客观极限。就是有声传播这种方式既受传播者自身思维反应和言语反应能力的限制,也受接受者听视觉反应、思维反应等能力的限制。②

七、消息播音中技术性问题的处理

1.长句子的处理

处理长句子,要通过对稿件的理解,用有声表达将其语法关系准确化,将其内在逻辑联系明朗化,将其语句目的鲜明化。③ 如:

加拿大不列颠哥伦比亚省癌症研究院下属的/麦克尔·史密斯基因科学中心的研究人员/经过夜以继日的奋战/终于在4月12日凌晨完成了/寻找冠状病毒基因排列的实验⌒,率先确定据信是非典型肺

---

① 高蕴英:《教你播新闻》,中国广播电视出版社2005年版,第73—77页。
② 高蕴英:《教你播新闻》,中国广播电视出版社2005年版,第74—75页。
③ 高蕴英:《教你播新闻》,中国广播电视出版社2005年版,第60页。

炎病原的冠状/病毒的基因序列,这有助于最终找到治疗方法。

播读长句子要运用叼字和偷气、换气、就气等技巧,字不要咬得过死,读得过重,要节省气息以便快速推进。

2. 数字的处理

在播读数字时,不仅要读清楚、读准,更要看到数字在稿件中的色彩。有的稿件中数字较多,如果处处着色,便会使整个消息缺少条理,成为数字的堆砌。在一组数字群中,叼出最重要的数字,用情感、重音等技巧加以突出。如:

  据财政部统计,今年上半年国家预算收入完成 34808.19 亿元,同比增长 33.27%,国家预算支出 22882.02 亿元,同比增长 27.69%,收支相抵盈余 11926.17 亿元。上半年财政收入相当于今年全年预算收入 58486 亿元的 59.52%,财政支出相当于全年预算支出 60786 亿元的 37.64%。

这条消息中的数字较多,这些数字是分层次的、有对比的,要细心研究。

3. "在"、"等"、"和"的处理

(1) "在……下"句式的处理

如:"在党中央、国务院的正确领导下……","在省委、省政府的亲切关怀下……","在社会主义市场经济条件下……"。这里的"在"没有实际意义,没有必要拉长、加重,而是要脱口而出、顺势而下。

(2) "等"的处理

"等"可以按名词后缀处理,是一个地名、人名。有的播音员习惯将"等"放在后面的句子上进行处理,不符合语法要求。

(3) "和"的处理

"和"一般作为连词使用,在播读时,要把"和"前后的语句连起来。有的播音员在"和"之前安排一个小停顿,把"和"读得很重、很长。如:

  全省各级政府、普查机构和有关部门必须严格执行国务院制定的一系列方针和政策,任何曲解和干扰普查政策的行为都是不允许的。积极参加人口普查是公民应尽的义务,每个公民都应当如实申报普查项目,做到不瞒报、不漏报、不错报,支持和配合好普查工作。人口过快增长仍是困扰我省经济建设和社会发展的重要因素。

这条消息中有 4 个"和",应谨慎处理。

4. 顿号语句的处理

顿号主要用在并列的词或词组中间。见顿号就停是不了解顿号的作用,严重地破坏了语句的连贯性。如:

把人口状况搞清楚,对于国家制定人口、教育、就业等政策,具有重要意义。

5. 括号语句的处理

括号内的语句视情况,有的可以播读,有的可以删掉。如:

6 日,国家食品药品监督管理局发出通知,要求暂停销售和使用标示为上海医药(集团)有限公司华联制药厂生产的注射用甲氨蝶呤(批号为 070403A、070403B,规格 5mg)。

第一个括号里的"集团",可以删掉,第二个括号里的文字必须播读,因为这是十分重要的信息。

6. 引语句子的处理

播读引语时需加重语气,速度稍慢一点,加以突出。如:

安徽省滁县是宋朝大文学家欧阳修的名篇佳作——《醉翁亭记》中所写的醉翁亭所在地。琅琊山绵延环绕滁县四周,"峰回路转",交通十分不便。

第二节　通讯播音

一、通讯的特点

通讯分为人物通讯、事件通讯、风貌通讯、经验通讯(工作通讯)、主题通讯

（综合通讯）。其中，最有代表性、最有特点的是人物通讯。以人物通讯为例，通讯具有以下特点：

1. 新闻性

通讯是新闻报道的一种体裁，它不是文学作品，不允许虚构。通讯反映的人物、事件必须是真实的。

2. 形象性

形象描写是通讯写作的重要手段。形象性就是对通讯中的人物和事件进行生动形象的描写，使人们如见其人、如临其境。

> 那天早晨6点左右，一股迅猛的山洪翻着几米高的浊浪，卷着树枝、庄稼、家畜……沿着武江河滚滚而下，所到之处顿成泽国。

当我们看完这段描写时，展现在我们面前的是一幅富有动感的画面：凶猛的洪水吞噬着庄稼、良田，所到之处一片汪洋。

3. 生动性

从总体上讲，任何稿件都应体现准确、鲜明、生动的要求。消息更注重准确，评论更注重鲜明，通讯更注重生动。因为通讯是通过人的活动，真实地表现人的情感。

4. 多样性

这里是指通讯写作手法的多样性特点。通讯常运用叙述、描写、议论、抒情等手法表现人物和事件。

二、通讯播音的特点

1. 语句规整，错落有致

规整和错落是相对而言的，语句规整，也不能没有语句重音。如："每当唱起这首歌，就会想起一位叫芦亚带的战友。""芦亚带"作为语句重音，应加以强调。语句内的强调与语句间的错落相呼应，形成语句规整、错落有致的特点。

2. 语节明显，语调和谐

语节明显是指语句里词组间的停连变化。语调和谐是指语句中语音高低、轻重的变化。

几天前，西大桥 曾目睹了 整个抗洪抢险中 最为悲壮的一幕。今天，它又载着蛟河人民 无限的哀思 等待着 烈士亲人的到来。

朋友，你有机会到 粤北山区，在湘粤公路旁的 雷土山上，一定会看到 那座生着束束无名小草的 坟茔，那就是 芦亚带 安息的地方。

加"——"的是语节标线，加"·"的是语句重音。

3. 情感强烈，起伏跌宕

这里指的是创作情感表现强烈，声音形成一种起伏跌宕的变化。

"小芦——""亚带——"战友们追着洪水狂奔，呼叫。风在呼啸，水在咆哮，山谷里回荡着战友的悲鸣，但再也听不到这位年仅21岁的战友的回音了。

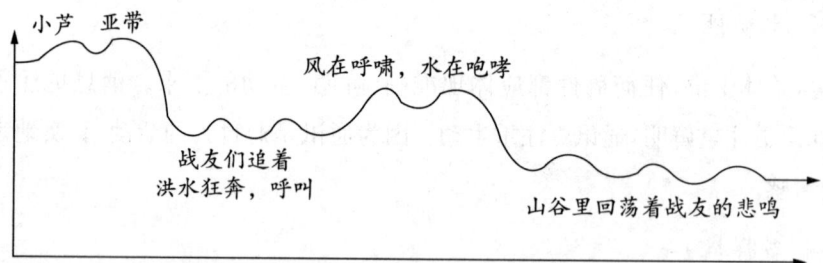

当然，有的稿件内容表达的情感是强烈的，但表现出的声音形式不一定是起伏跌宕的。例如，通讯《血泪情怀》中，烈士王胜明的父母："小明啊！你喜欢蛟河，你就在这安家吧！""儿啊，你去吧……"这时应"抑"下来，越"抑"越能表现情感的强烈。

4. 色彩丰富，变化自如

通讯播音的语言色彩应是丰富的、变化的。这是因为通讯表现的人物具有丰富的思想感情、广阔的活动空间。声音的高低、强弱、明暗、虚实等应变化自如，以适应情感表达的需要。所谓"变化自如"，是指体现感情色彩的声音变化迅速自如。

5. 形象逼真,生动感人

播音员通过联想、想象,在头脑中呈现出那情、那景、那形,再用语言表现出那情、那景、那形,给人以形象逼真之感。

三、通讯播音的要求

1. 叙述、描绘、议论、抒情融为一体

(1)叙述:叙述事件的经过,把事实播清楚是通讯播音最基本的要求。要处理好全篇起承转合的关系。

(2)描绘:有时需要简略概括,有时需要浓墨重彩。

(3)议论:通讯中的议论是夹叙夹议,议论的语言含蓄、深刻。

(4)抒情:人物通讯的抒情常是有感而发,一带而过转为叙述、描绘和议论。

在运用上述手法时,始终围绕通讯的主题,使叙述、描绘、议论、抒情有机地融为一体。

2. 播好题目、开头、高潮点和结尾

(1)题目要先声夺人。通讯的题目往往就是这篇通讯主题的高度概括,如"县委书记的榜样——焦裕禄"。一般来说,题目的色彩较浓。播音时,为突出题目,常用延伸法来强调。如:"祭——英——雄"。

(2)开头要引人入胜。例如《一株小草》的开篇引用《小草》的歌词,之后引出人物的名字,点明主题,赞扬小草精神,再引出故事,开篇巧妙。

(3)高潮点要起伏跌宕。人物通讯的高潮不同于文学作品(如小说)中的高潮,所以,可以称之为高潮点。长篇人物通讯可能出现几个高潮点,都要把握好、表达好。

(4)结尾要余音未了。还以《一株小草》为例,它的结尾是"啊,只知奉献的小草,又何止这一束"。作者用"啊"来抒发感慨,随后发表议论,理中有情、回味无穷。要达到"余音未了"的效果,必须"声已尽,情未了",要缓收。

3. 处理好人物语言

播读人物通讯时,播音员需要再现人物语言。再现人物语言以神似为主,以声似为辅。声似,是为了区别人物和人物的不同。例如"吃力地说""激动地

说""抽泣着说""气愤地说"等,播读时,不要强调叙述语"吃力""激动""抽泣""气愤",而要着重表达人物的语言。

第三节　评论播音

新闻评论是一种政论性的新闻体裁。一方面它具有政论文的鲜明的特点,即从政治、思想的角度,以说理为主要手段,对一些重大事件和问题进行分析论述。另一方面,它又具有强烈的新闻性。它所评论的对象是当今社会生活中发生的重要的新闻事件、问题或倾向。[1]

一、评论的特点

1. 政策性

评论稿件往往围绕一个时期的各项方针政策或社会现象加以评说,以引导舆论。它是在占有大量材料的基础上,经过分析研究得出的结论。

2. 针对性

评论一般都是针对某个方面的问题,必须有的放矢,而不是空谈议论。例如:《致富路上说养猪》是针对生猪存栏数下降问题进行的评论,《还是要勤俭建国》是针对超前消费、铺张浪费的现象进行的评论。

3. 鲜明性

有明确的态度和观点,赞成什么,反对什么,不能模棱两可。例如《还是要勤俭建国》从题目看,观点就十分鲜明。

4. 诱导性

评论必须说理,但不是空谈大道理,而是要以理服人。

---

[1] 陈雅丽:《实用播音教程第3册——广播播音与主持》,中国传媒大学出版社2002年版,第159页。

5.逻辑性

这是评论写作的重要特点。讲究逻辑，才能论证有力。

二、评论稿件的总体把握

1.了解写作背景，明确写作目的

背景是评论写作的动因，往往是当前某个方面存在的问题。了解写作背景，才能站得高、看得远，从而做到心中有数、心里有底。

写作评论稿件的目的就是要解决问题、引导舆论。要抓住每篇评论具体的写作目的，就要紧扣中心论点。例如"还是要勤俭建国"，这是中心论点，也就是写作目的。

2.把握中心论点，进行逻辑分析

中心论点是评论的主题，是评论文章政治性、思想性、政策性、指导性的集中体现，也是评论文章全部观点的高度概括。抓住中心论点，是深刻理解评论稿件的关键步骤。

分析评论的中心论点、各分论点以及它们之间的关系，明确评论文章是怎样提出问题、分析问题和解决问题的。

3.明确评论性质，把握评论形式

明确矛盾性质是政治问题，还是思想问题，是敌我矛盾，还是人民内部矛盾。

从形式上，要分析是立论还是驳论。立论主要阐明自己的看法和主张，要胸有成竹、语气平稳。驳论要批驳错误主张，针对性较强，语气强烈。

三、评论播音的特点

1.观点要鲜明

这是评论播音的关键。赞成什么、反对什么、歌颂什么、鞭挞什么，都是通过评论的观点体现出来的。例如"还是要勤俭建国"，要特别强调"还是"，以表明"勤俭建国"过去是立国之本,现在还是立国之本。只有论点鲜明,才能体现出评论是"一面旗帜"。

2. 逻辑要严密

评论播音要做到逻辑严密,主要应该解决两个问题:条理清楚,重点突出。要使评论播音做到条理清楚,就要清楚地把握推理和论证的过程。重点突出包括重点和语句重音两方面的问题。[①]

附:新闻播音技巧歌

备稿熟稿不可少,	(分析理解稿件,克服文字障碍,强化对稿件的记忆)
长句难句处理好。	(长句停连好,巧偷气,多练习难句)
准确规范无差错,	(特别是人名、地名、时间、数字等关键词不能读错)
控制语速有技巧。	(重点词语突出、放慢,一般语句加快、带过)
清新流畅又明快,	(语言清澈透明、语流自如)
情感分寸把握好。	(要把情感态度寄寓在新闻事实中)
多连少停有节奏,	(注意语句的完整性,同时又富于变化)
灵气传神播报告。	(精神状态主动、积极,特别在"告"字上下功夫)
声音适中语势扬,	(实声为主,首句抬起,句中波动向上,尾句放慢弱收)
一气呵成为最好。	(新闻信息贯串)
语言样式多样化,	(选择适合的语言样式)
新闻播音有奇招。	(上述口诀就是"招",要下苦功夫掌握好)

[①] 陈雅丽:《实用播音教程第3册——广播播音与主持》,中国传媒大学出版社2002年版,第159页。

第七章　诗歌与散文朗诵

第一节　诗歌朗诵

一、诗歌的特征

1. 高度集中

诗人总是选取生活中最富特征、最典型的事物，将丰富的生活内容和思想感情高度浓缩，通过描写典型事物的形象特征，表现更广阔的社会生活。

2. 抒情言志

诗言志，志即作者的思想、志趣和愿望。诗歌的抒情性极强，包含着作者丰富而强烈的思想感情。

3. 想象丰富

想象是诗歌创作的基本元素，没有想象就没有诗歌。诗歌不仅要有丰富的思想感情，还要将思想感情与作品描绘的形象融为一体，通过生动优美的形象感染读者。这就需要诗人运用丰富的想象，从而突破物我之间、时空之间的界限，最大限度地将他的心灵感受和丰富情感表现出来。

4 意境优美

诗歌的意境是指诗歌创作所达到的情景交融的思想和艺术境界，是通过对于富有特征的事物的描绘，与诗歌内在的意境有机地结合而创造出来的情景交融、含义深远的生活画面。

5.韵律和谐

韵律是指诗词中的平仄格式和押韵规则。诗歌语言的音乐性特点，是与诗歌的韵律分不开的。

二、诗歌朗诵的要求

1.表现诗意，为我心声

朗诵者要把作者的心声，变成自己的心声，将作者的态度、愿望、追求和情感变成自己的态度、愿望、追求和情感。从某种意义上说，朗诵者对作品的感受、理解有多深，他表现作品的诗意就有多深。当然，对作品理解的深浅与朗诵者的学识、阅历、艺术修养等诸多因素相关。

2.感情真挚，抒情强烈

(1)直接

诗歌是通过某个最富有特殊意义的生活片段来表达、抒发诗人的思想感情，因此，诗歌对社会生活的反映较为直接、集中和概括。直接抒情是诗歌朗诵的特点之一。

(2)迅速

诗歌一般较短，少则几行，多则一二十行。这一特点要求朗诵者的感情来得快、走得慢。否则，感情还没有调动起来，朗诵已经结束了。

(3)强烈

一是诗作本身要求强烈的情感表达，例如海涅的《西里西亚的纺织工人》。二是诗作较为含蓄，节奏较为舒缓，但内在情感仍然是强烈的，如余光中的《乡愁》。朗诵这类诗歌时，应适当控制声音的强度。

3.悠扬和谐，富有韵味

韵味是诗歌朗诵的重要特点，也是与其他有声语言表现形式的重要区别。

朗诵时,应运用"枣核形"的吐字归音,注意声音的圆润和丰满。一般地说,在双句押韵时,双句韵味较浓,诗作结尾句韵味更浓。

4. 把握基调,控纵全篇

所谓基调,是指朗诵者体现和表达诗篇的基本情感,如高亢型、热烈型、舒展型、愤怒型、奔放型、沉缓型、温柔型、亲切型、悲壮型、忧伤型。一般来说,奔放型的节奏偏快,亲切型、忧伤型的节奏稍慢,热烈型节奏适中。情感类型不同,在声音运用上要有高低、明暗、强弱的变化。

三、诗歌朗诵注意的问题

1. 选材

选择反映现实生活、具有教育意义和欣赏价值的作品,选择易于抒发和表现情感的、朗朗上口的作品,选择适合自己性格、声音特点的作品,选择自己能驾驭、把握的作品。

2. 背景

文学作品都是在特定时代产生的,理解作品就一定要结合作品的创作背景。要把握作者的人生经历和诗歌的创作背景,具体感受作者所要表达的思想感情。

3. 态度

指朗诵诗歌作品时的创作立场和态度。要准确把握和体现作者的创作意图,深刻地表现作品的主题思想。要表现作品,而不是表现自己;要欣赏作品,而不是自我欣赏。

4. 动作

主要指手的动作,手一般自然下垂。手势不要过多,要少而精当。

5. 形式

诗歌朗诵的形式可以分为:单人朗诵、双人朗诵、集体(多人)朗诵。

第二节 散文朗诵

一、散文的特征

1. 语言优美凝练

所谓优美,就是指散文的语言清新明丽,生动活泼,富于音乐感,行文如涓涓流水,叮咚有声,如娓娓而谈,情真意切。所谓凝练,是说散文的语言简洁质朴,自然流畅,寥寥数语就可以描绘出生动的形象,勾勒出动人的场景,显示出深远的意境。散文力求写景如在眼前,写情沁人心脾。

2. 形散神聚

"形散"主要是说散文取材十分广泛自由,不受时间和空间的限制;表现手法不拘一格,可以叙述事件,可以描写人物形象,可以托物抒情,可以发表议论。"神不散"主要是从散文的立意方面而言,即散文所要表达的主题必须明确而集中,无论散文的内容多么广泛、表现手法多么灵活,都是为表达主题服务。例如,巴金的《愿化泥土》,跳跃性很强,但字里行间都表达了对家乡的无比眷恋,对祖国、对人民深沉的爱。

3. 形式多样,表现自由

散文内容丰富、题材广泛,表现形式自由灵活。散文既不受时间限制,也不受空间限制,前可以远涉古代,后可以跨及未来,天南地北、宇宙空间,都可以包括其中。

散文常用的表现手法有抒情、记叙、议论和说明。例如茅盾的散文《白杨礼赞》,文章开头记叙和描写了汽车在黄土高原上奔驰所看到的黄土高原的外貌,用抒情和议论点明了白杨树的象征意义。

二、散文朗诵的要求

1. 抒情性散文

抒情性散文以抒情为主,着重抒发作者的思想感情。朗诵抒情散文,要抓住抒情的特点,在抒情上下功夫。朗诵者要运用想象,进入意境,如见其人、如闻其声、如临其境。感情的真挚和饱满是朗诵抒情散文的基本要求,要以情带声、以声传情、声情并茂。例如朱自清的散文《春》,通过对春天万物复苏的描写,表达对春天的赞美。

盼望着,盼望着,东风来了,春天的脚步近了。一切都像刚睡醒的样子,欣欣然张开了眼。山朗润起来了,水长起来了,太阳的脸红起来了。

小草偷偷地从土里钻出来,嫩嫩的,绿绿的。园子里,田野里,瞧去,一大片一大片满是的。坐着,躺着,打两个滚,踢几脚球,赛几趟跑,捉几回迷藏。风轻悄悄的,草绵软软的。

在我们的眼前,展现了一幅清新、美丽、情趣盎然的春意图。有声音、有动作、有颜色,好像听到脚步声,看到满眼的绿色,闻到泥土的芳香。

2. 记叙性散文

朗诵记叙性散文首先要抓住线索,把握记叙脉络,突出作品主题。例如,屠格涅夫的散文《麻雀》有两条叙事线索,一条是猎狗看到小麻雀后的表现,另一条是老麻雀保护小麻雀的举动,从而赞扬了世间最崇高的情感——爱。

《迷途笛音》记叙一个小男孩上山后迷了路,而热情、善良的卡廷用巧妙的方法将他引出困境。朗诵者要把这个故事的来龙去脉交代清楚,不散不乱。

那年我六岁。离我家仅一箭之遥的小山坡旁,有一个早已被废的采石场,父母从来不准我去那儿,其实那儿的风景十分迷人。

一个夏季的下午,我随着一群小伙伴偷偷上那儿去了。就在我们穿越一条孤寂的小路后,他们却把我一个留在原地,然后奔向"更危险的地带"了。

等他们走后，我惊慌失措地发现，再也找不到回家的那条孤寂的小路了。

3. 议论性散文

议论性散文选材比较广泛，结构比较灵活，往往寓情于理，在抒情中体现深刻的哲理。例如《人生是一种境界》，文章开头就有情有理：

我们的第一声啼哭，就暗示了世道的艰难。因此，我们不能不凭借自己的双脚，在这个世界上跑来跑去。

既然我们无法抓着自己的头发升上天空，那么，我们倒不如深情地低下头，挥去天边那诱人的彩霞，热恋我们脚下的那一方实实在在的土地。

朗诵议论性散文，要有分寸感和节奏感。在散文的起承转合处，节奏变化可以明显一些。例如，"我们不能不凭借自己的双脚"语气肯定、速度加快，之后"在这个世界上跑来跑去"，速度放缓、收住。"我们倒不如深情地低下头"（舒缓），"挥去天边那诱人的彩霞"（扬起、抬高、加重），"热恋我们脚下的那一方实实在在的土地"（含蓄、放缓）。

4. 说明性散文

朗诵说明性散文，语气应平和。在理解文章的基础上，表现出语言的深刻和严谨。例如，《中国的宝岛——台湾》的片段：

台湾岛上的山脉纵贯南北，中间的中央山脉犹如全岛的脊梁。西部为海拔近四千米的玉山山脉，是中国东部的最高山峰。全岛约有三分之一的地方是平地，其余为山地。岛内有缎缎般的瀑布，蓝宝石似的湖泊，四季常青的森林和果园，自然景色十分优美。西南部的阿里山和日月潭，台北市郊的大屯山风景区，都是闻名世界的浏览胜地。

这一段中有大量描写的成分，避免了说明的平直。朗诵时，要表达出文中基本的语句链条，给人以流畅之感。

第八章　节目主持

第一节　节目主持类型

一、新闻节目主持

新闻节目主持人最早产生于西方国家的广播电视节目中。第二次世界大战期间，为迅速报道战况，新闻记者用现场报道的方式及时报道新闻事实。美国最早的几位新闻节目主持人有爱德华·默罗（主持过美国哥伦比亚广播公司《这里是伦敦》《现在请看》）、沃尔特·克朗凯特（主持过美国哥伦比亚广播公司《晚间新闻》），约翰·钱塞勒（主持过美国全国广播公司《每夜新闻》），丹·拉瑟（主持过美国哥伦比亚广播公司《晚间新闻》）以及英国节目主持人杰里米·帕克斯曼（主持过英国广播公司《晚间新闻》《早餐时刻》）等。外国新闻节目主持人大都是资深记者，他们具有良好的新闻素质、顽强的采访作风和娴熟的采访技能、出色的现场报道能力。

二、综艺节目主持

1. 概念

综艺节目是指综合娱乐节目。它涉及内容广泛，凡娱乐艺术的内容几乎无所不包。综艺节目是所有节目中娱乐价值最高的节目,它以变化多端的内容、新颖有趣的表现方式,缔造美善相融的境界,娱乐人生,启示人生。①

2.节目主持要求

(1)强烈的感情投入

综艺节目主持人需要酝酿、爆发感情,从而使受众获得情绪的感染、身心的愉悦。中央电视台主持人倪萍之所以受到广大观众的好评,就是因为她主持节目时投入了强烈的感情。

(2)机敏的应变能力和现场调控能力

在综艺节目中,在主持人与嘉宾、观众的互动过程中,会出现不可预知的情况,这时就需要主持人具有机敏的应变能力和现场调控能力。杨澜在谈到这一点时,深有体会地说:"主持人应该引导、控制场上气氛,而不应该被节目牵着走。因此,我总想以最快的速度把握住现场出现的契机,总希望自己在场上能够一直保持一种可以随机应变的兴奋情绪。"

(3)副语言的运用

综艺节目主持是舞台艺术,要充分运用副语言,特别是面部表情和手势动作,要有表演的才能,但要避免过分的渲染、夸张的情绪和举动。

三、社教服务节目主持

1.特点

(1)知识性

普及、传播知识是社教服务节目的首要任务,因此知识性是社教服务节目的首要特点。

(2)对象性

在类型化和分众化的传播背景下,社教服务节目的对象性特征更加突出。

(3)服务性

社教服务节目与受众的需求紧密相关,强化并突出服务性。

---

① 陆锡初:《主持人节目学教程》,中国广播电视出版社1999年版,第118页。

2.节目主持要求

(1)找准节目定位

主持人必须确定节目特定的服务对象,然后针对这一特定受众群体的用语特点、接受心理、欣赏习惯进行广泛细致的了解,以期在节目中与受众达到交流的默契,全面实现节目的宗旨与意图。

(2)强化服务意识

社教服务节目的内容与受众的日常生活息息相关,主持人应从受众的角度出发,强化服务意识。既要向受众提供有价值、有内容的服务,又要让受众得到崇高的审美享受。

(3)注重知识讲解

社教服务节目的特点决定了主持人必须涉猎一些专业性较强的知识领域,有的需要一般性的了解与掌握,有的则需要近乎专业性的学习。主持人要综合运用各种表现手法,激发受众的兴趣,使受众乐于、易于接受知识。

第二节　节目主持的基本特征与技巧

一、节目主持的基本特征

1.个性与共性的统一

主持人的共性是指主持人自身应该具备的思想素养、知识素养、职业素养、心理素养等。主持人的个性是指主持人在长期主持节目中培养形成的独特的个性。白岩松的理性沉稳、崔永元的幽默睿智、董卿的亲切热忱,都是在长期的主持艺术实践中形成的独特风格。节目主持是共性与个性的统一,二者缺一不可。

2.记忆稿件与即兴表达的统一

主持人应在记忆稿件的基础上,对稿件进行加工和创作。随着节目现场情况的不断变化,主持人又需要即兴表达,拉近与受众之间的距离,与受众进行交流与沟通。

3. 对象感与交流感的统一

"对象感使我们播音时思想感情一直处于运动状态;在播音中流露出与设计的对象相符合的态度、语气、眼神、姿态。""对象感是有声语言创作主体(即传播者)必要和重要的核心元素。"①

主持人与嘉宾形成对角关系,他们又与现场观众形成三角关系,与所有受众形成群角关系(如图8-1)。

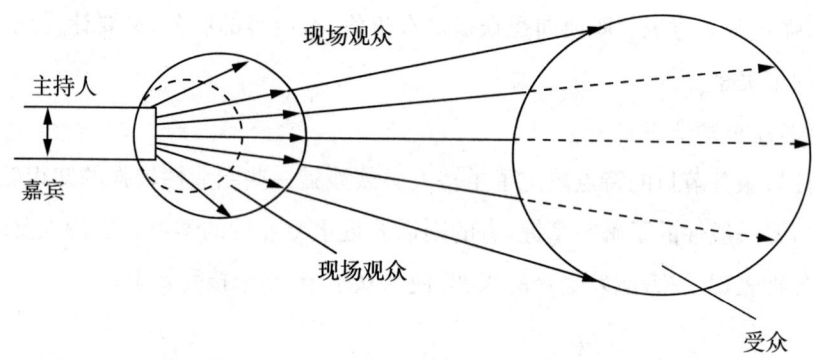

图8-1 主持人、嘉宾、现场观众与受众的关系

二、节目主持技巧

1. 调动情绪,烘托气氛

主持人要善于调动参与者的情绪,烘托现场气氛。主持人强烈的情感投入,是调动参与者情绪的前提。高涨的情绪和热烈的气氛要有起有落,落而不"冷",起而不"狂"。

2. 机智敏捷,随机应变

(1)引导:当访谈对象不理解所提问题时,主持人要对其进行引导。

(2)提示:当访谈对象回答问题不全面时,主持人要对其进行提示。

(3)打断:当访谈对象回答问题啰唆、跑题时,主持人要巧妙地打断他。

(4)回绝:对不便解释、不能回答的问题,主持人要拒绝回答。

---

① 张颂:《播音创作基础(第三版)》,中国传媒大学出版社2011年版,第79页。

(5)选择：当多个访谈对象回答同一问题时，主持人要进行选择。

3. 驾驭场面，控纵有节

(1)形声吸引法

如果主持人形象美、声音美、风度美，那么主持人一出场，就吸引了现场观众，就控制了场面。

(2)静视来宾法

主持人凝视着来宾、观众。它与形声吸引法相结合，使主持人一开始就控制了场面。在节目主持过程中，当观众的注意力有些分散时，可以采用这种方法，重新控制场面。

(3)反复呼应法

每介绍一位嘉宾时，都说：欢迎您！欢迎您！对参与者，反复呼应：朋友们，观众朋友们！对回答问题或表演节目的演员，说：××，有请！结束时，说：××，谢谢！谢谢您了！

(4)变换节奏法

当现场气氛热烈时，主持人要用快节奏的语言和动作烘托气氛；当现场气氛低沉时，主持人就要用沉缓的节奏控制全场。

(5)走场穿插法

主持人在主持节目时，需要台上走场和台下走场。这种走场是节目内容和形式的需要，也是主持人驾驭场面的需要。比如，从台上的这一边走到那一边，退到后边又走到前边，走到嘉宾前或走到观众中。走场穿插，动作要敏捷，不能在某一点上停留时间过长，要迅速回到控制全场的位置上。

三、节目主持用语

1. 开场语（片头语）

开场语可以有多种形式，例如直言开场、以事开场、激情开场等。谈话节目以前两种为主，综艺节目以后一种为主。谈话节目通常有一个固定的开场语。例如，中央电视台《焦点访谈》的开场语"用事实说话"，点明了节目的宗旨。

2. 呼应语

呼应语不仅用于节目的开头和结尾，也用于节目进程中。呼应语分为常用呼应语和特定呼应语。常用呼应语是指并不针对某一特定人物的呼应语,例如"听众朋友们""观众朋友们"。在节目进程中,也可以使用呼应语。特定呼应语是指针对某一特定人物的呼应。例如,《空中之友》节目主持人徐曼主持的一期节目中,她多次用"给我来信的那位小妹妹"做呼应,拉近了主持人与受众之间的距离。

3. 串联词

串联词是连接一期节目各个组成部分的话语,起着承上启下、衔接转换的作用。串联词的内容,可以揭示节目不同组成部分的内在联系,可以开门见山地直接介绍、引出下面的节目内容,也可以对刚播过的内容做简单议论,它能显示节目编排意图,能引导受众的注意力,能提示情绪的转变。[①]

4. 交流语

交流语在谈话类节目主持中被大量使用,是节目主持过程中最基本的语言形式。交流要围绕主题、节目进行。

5. 互动语

互动语是主持人调动现场气氛和观众情绪的手段。主持人常用"好不好?""对不对?""行不行?"等问答方式与现场观众进行交流与互动。例如,《我要上春晚》节目,主持人董卿对着现场观众呼喊:"我要上春晚,你看行不行?"观众挥动着手中的彩棒齐声高呼:"行!行!行!"但互动场面不能过多,否则会影响节目进程。

6. 应变语

应变语是主持人面对突发情况时的即兴应急语。

7. 结束语

结束语是节目结束时主持人的话语,用于告知受众节目结束。谈话类节目的结束语多以概括性语言为主,而综艺类节目多以热烈抒情的表达结束节目,给人以余音未尽之感。

[①] 吴郁:《主持人的语言艺术》,北京广播学院出版社1999年版。

第二部分
语言训练

第九章 新 闻

第一节 消 息

一、提要

1.《新闻联播》2016 年 3 月 6 日

男：各位观众，晚上好！

女：晚上好！

男：今天是 3 月 6 号，星期日，农历正月二十八。欢迎收看《新闻联播》节目。

女：今天节目的主要内容有：

男：习近平总书记就两岸关系发展发表的最新讲话，在两会代表委员中和海峡两岸引起热烈反响，大家表示，讲话向台湾同胞传递了构建命运共同体的善意和诚意，重申了坚持九二共识，遏制任何形式台独分裂行径的明确信号。

女：当好改革开放排头兵、创新发展先行者，参加全国人大会议的上海代表回味与习近平总书记肩并肩议国是、面对面话改革的特别感受。表示要把总书记嘱托的事情一件一件扎扎实实做好。

男：李克强、王岐山、张高丽分别到各自所在的代表团，同代表们一起审议政府工作报告。

女：张德江参加香港代表团、澳门代表团审议。俞正声和全国政协特邀界委员共商国是。

男：全国人大代表、政协委员继续审议和讨论政府工作报告。

女：接下来请看详细报道。

2.《新闻联播》2015年10月1日提要

男：各位观众，晚上好！

女：晚上好！

男：今天是10月1号，星期四，农历八月十九，是新中国成立66周年的纪念日。在此，我们向全国各族人民致以节日的祝贺。

女：让我们共同祝愿祖国更加繁荣富强。

男：欢迎收看今天的《新闻联播》节目。

女：今天节目的主要内容有……

男：习近平总书记在接见基层民族团结优秀代表时的重要讲话极大地鼓舞了各组代表，代表们表示要牢记总书记的嘱托，把家乡建设得更好，把祖国建设得更好。

女：李克强致电祝贺李显龙连任新加坡共和国总理。

男：新疆各族各界隆重庆祝自治区成立60周年。中共中央、全国人大常委会、国务院、全国政协、中央军委致电祝贺。俞正声出席大会并讲话。

女：每个人的生命当中都有一段最好的时光凝聚着珍贵的回忆。国庆长假期间，《新闻联播》邀请您聊一聊自己最好的时光是什么。

男：国际社会高度评价习近平主席访美以及出席联合国成立70周年系列峰会，认为此访对中美两国关系的未来、全球和平发展进程影响深远。

女：俄罗斯空袭叙利亚境内极端组织目标，普京称反恐仅提供空中支援，不参加地面行动。以下来看详细报道。

二、消息

1. 时政新闻

(1) 10月19日下午,国家主席习近平乘专机离开北京,应大不列颠及北爱尔兰联合王国女王伊丽莎白二世邀请,对英国进行国事访问。

陪同习近平主席出访的有:习近平主席夫人彭丽媛,中共中央政治局委员、中央政策研究室主任王沪宁,中共中央政治局委员、中央书记处书记、中央办公厅主任栗战书,国务委员杨洁篪等。

(2) 外交部发言人华春莹9日在例行记者会上表示,日本军国主义对外侵略历史铁证如山,国际社会早有定论,不是什么学术问题。

有记者问,据报道,日本首相安倍晋三8日在国会答辩中就其此前的"侵略定义未定论"做出辩解,称学术界对侵略定义存在各种讨论,政治家不应介入。中方对此有何评论?华春莹表示,中方注意到日本领导人所作的表态。中方对日方将继续听其言,观其行。希望日方切实以史为鉴,以实际行动取信于亚洲邻国和国际社会。

有记者问,最近《人民日报》发表了有关琉球问题的署名文章,引发关注。中方是否质疑日本对琉球的主权?中国政府持何立场?华春莹说,冲绳和琉球的历史是学术界长期关注的一个问题。该问题近来再度突出,背景是日方在钓鱼岛问题上不断采取挑衅行动,侵犯中国领海主权。

(3) 当地时间晚7时10分许,习近平乘坐的专机抵达西班牙港皮亚科国际机场。特立尼达和多巴哥总统卡莫纳夫妇、总理比塞萨尔冒雨亲自到机场迎接习近平和夫人彭丽媛的到来。习近平为夫人撑伞走下飞机。

这是中国最高领导人首次对特多及英语加勒比国家进行国事访问。卡莫纳在机场举行隆重欢迎仪式。习近平登上检阅台。军乐队奏中特两国国歌,鸣礼炮21响。习近平在特多国防军总参谋长陪同下检阅了仪仗队。

特多大法官、参众两院议长、内阁成员、主要政党领袖等政要也到机场欢迎。

(4) 外交部发言人华春莹15日在例行记者会上宣布,应国家主席习近平邀请,法国总统弗朗索瓦·奥朗德将于 4 月 25 日至 26 日对中国进行国事访问。

华春莹介绍,奥朗德访华期间,习近平将与奥朗德举行会谈,中方其他领导人将分别同他会见。双方将就中法关系、中欧关系及共同关心的国际和地区问题深入交换意见。奥朗德还将访问上海,并出席上海交大——法国巴黎高科卓越工程师学院成立仪式。

(5)银监会近日下发《关于加强 2013 年地方融资平台风险监管的指导意见》,其要求各银行控制地方平台贷款总量,不得新增融资平台贷款规模。对于现金流覆盖率低于 100%或资产负债率高于 80%的融资平台贷款占比不高于上年。

银监会要求各银行建立包括银行贷款、企业债券中期票据、短期融资券、信托计划、理财产品等在内的全口径融资平台负债统计制度。此外,银监会还要求银行审慎持有融资平台债券,不得为平台债提供担保。

(6)日前,省政府办公厅下发《关于深入推进行政审批制度改革工作的实施意见》(以下简称"意见")。意见明确,今年年底前,全省各级政务大厅要全部实行重大投资项目并联审批制度,同时,投资 3000 万元以上项目和年纳税额亿元以上大企业全部纳入行政审批"直通车"服务计划,实行动态管理、重点跟踪、监督落实,确保项目审批快、落地快、投产快。

(7)全国医改工作电视电话会议昨日在京召开,中共中央政治局常委、国务院总理李克强作出重要批示。批示指出:"各地方、各有关部门一定要把推进医改作为保障和改善民生的重要任务,坚持基本、强基层、建机制,向深化改革要红利,把基本医疗卫生制度作为公共产品向全民提供,努力办好人民满意的医疗卫生事业。"

(8)中央纪委常委会日前召开会议,传达学习习近平总书记关于反对"四风"要持之以恒的重要批示精神。中共中央政治局常委、中央纪委书记王岐山主持会议。

会议指出,纠正"四风"是长期、艰巨的任务,纪检监察机关如果不能执好纪、问好责、把好关,就是失职。要加强检查监督,铁面执纪,对顶风违纪者坚决查处并不断给予曝光,向全党释放执纪必严的强烈信号。会议强调,当前要坚决刹住中秋节、国庆节公款送月饼送节礼、公款吃喝和奢侈浪费等不正之风,过一个风清气正的中秋和国庆佳节。

(9)经习近平主席批准,中央军委日前下发《关于加强和改进军队领导干部经济责任审计工作的意见》,《意见》要求,军队队列单位和机关部门领导干部、军队事业单位和保障性企业负责人,以及负责专项经济工作的领导干部,应当依法接受审计监督。积极推行先审后提、先审后离制度,对拟列入后备的或列入后备拟提升的团职以上领导干部,优先安排审计;对即将达到平时任职最高年龄或最高年限的领导干部,拟调整交流或转业复员的领导干部,在离任前应安排审计。

2. 社会新闻

(1)4月20日,四川雅安发生地震后,中国银联迅速决定通过中华慈善总会向雅安地震灾区捐款500万元,用于受灾群众安置、医疗救助及灾后恢复重建等工作。同时,为方便持卡人捐款,中国银联已联合壹基金、中国红十字会、中国扶贫基金会等多家慈善机构,开通银联卡远程捐赠渠道,持卡人可选择使用"银联在线支付""银联手机支付"等渠道为灾区捐款。灾情发生后,中国银联立即启动应急机制,确保银行卡跨行交易系统安全稳定运行。截至目前,灾区商户银行卡受理受到影响,但银行卡跨行交易系统运行正常。

(2)国家发展和改革委员会15日公开要求房地产企业必须在交易场所醒目位置放置标价牌、价目表或者价格手册,一次性公开所有可售房源,明确标示所有可售房源的价格及相关信息,不得把明码标价变成"口头告知",不得采用拖延开盘时间或者控制房源等手段捂盘惜售,故意制造房源紧张气氛。

此外,国家发展和改革委员会15日宣布,山西富基房地产开发有限公司等8家房地产企业因违反明码标价等规定被处罚,合计罚款金额达1000多万元。

(3)香港特区立法会财务委员会3日下午通过特区政府关于向赈灾基金拨款1亿港元,捐助四川省政府开展芦山地震赈灾工作的建议。

政务司司长林郑月娥在出席会议时表示,汶川地震的灾后重建是严谨、有效、有规章和经得起验证的。2008年特区政府通过立法会共拨出90亿港元注入"支援四川地震灾区重建工作信托基金",按工程进度拨付川方。

(4)5月7日下午,长春市政府与吉林大学签署战略合作框架协议,双方将充分发挥各自比较优势,营造优势整合效应,构建互动、互补、互惠的发展格局。

根据合作协议,长春市政府与吉林大学将在政产学研、共建科技创新与产业集聚区、政府决策服务、招商引资、人才和教育、医疗卫生六个方面展开具体的合作。双方将携手推进长春市加快实施"科教兴市"战略和创新型城市建设步伐,推动吉林大学深化教育体制改革,促进产、学、研有效结合,推进科技成果向现实生产力加快转化。

吉林大学校长李元元在签约仪式上说,吉林大学将面向长春经济社会发展的重大需求,充分发挥人才培养的示范作用、学术研究的引领作用、区域发展的推动作用、高端人才的集聚作用、国际合作的促进作用和文化建设的辐射作用,为长春市小康社会全面建设提供强有力的人才支撑和智力保障。

(5)中央财政已于日前安排50亿元资金,全部用于京津冀及周边地区大气污染治理工作,具体包括京津冀晋鲁和内蒙古六个省份,并重点向治理任务重的河北省倾斜。

财政部表示,该项资金将以"以奖代补"的方式,按上述地区预期污染物减排量、污染治理投入、PM2.5浓度下降比例三项因素分配。本年度结束后,中央财政将对上述地区大气污染防治工作成效进行考核,根据实际考核结果再进行奖励资金清算,突出绩效导向作用。

♪ (6)本台记者杜显文报道:今天是第一汽车制造厂休息日,可全厂到处是火热的劳动景象。广大职工积极参加厂里开展的"滁县日"活动,为安徽省滁县地区农民生产解放牌汽车。

安徽省滁县是宋朝大文学家欧阳修的名篇佳作——《醉翁亭记》中所写的醉翁亭所在地。琅琊山绵延环绕滁县四周,"峰回路转",交通十分不便。

党的十一届三中全会以后,滁县地区是我国比较早实行大包干责任制的地区,农业生产获得连年丰收。1982年粮食产量比1979年增长近一倍。油料产量4年增长4倍多。大量农副产品等待外运,急需运输工具。

第一汽车制造厂应安徽省委、省政府的要求,决定利用今天休息日,开展一个"滁县日"活动,专门为滁县地区农民在计划外生产汽车200辆。广大汽车工人怀着"多出车、出好车,支援农民兄弟劳动致富"的心情,精心装配,一辆辆海蓝色解放车欢快地开出总装配线。

上午10点钟,第一批50辆解放牌汽车已经装上火车,发往安徽。

(7)新华社消息:在青海省互助土族自治县巴扎藏族乡的一个偏僻山村里,最近出了一件震动全省的新鲜事:72岁的老农民、共产党员胡森林为本乡学校捐款6万4千元。青海省人民政府和海东行署分别赠送了写有"功德无量""造福后代"的横匾,褒扬胡森林献巨款资助办学的举动。

胡老汉是采金能手,他住着旧土屋,过着清贫的日子,却把采金所得的大部分收入捐给了学校。他说:"我吃了没文化的苦头,只想娃娃们多念点书,多出几个对国家有用的人才。学校困难多,党和国家眼下拿不出更多钱。我是个党员,应当为党分忧。"

(8)如潮的掌声把一位普普通通的农村青年女性推上了主席台。当她用朴实的语言讲述自己不平凡的经历后,听众流下了热泪。这是昨天在京举行的韩素云爱国拥军先进群体事迹首场报告会上的感人场面。

在由中宣部、总政、全国妇联组织的这场报告会上,来自广东、山东、广西等地的有关人士,向首都人民介绍了韩素云爱国奉献的崇高品德和人民群众热情救助韩素云的动人情景。

韩素云是山东省汶上县南旺镇石闸村的农民。10年来她含辛茹苦支持丈夫在部队工作,积劳成疾患了股骨头缺血性坏死症。在她患病后,鲁、粤、桂三省区人民纷纷伸出了救援之手,使她获得了新生。

(9)中国共产党的优秀党员,久经考验的忠诚的共产主义战士,杰出的无产阶级革命家、政治家,党和国家的卓越领导人,中国共产党第十三届、十四届中央政治局常委,中央纪律检查委员会原书记,第八届全国人民代表大会常务委员会委员长乔石同志,因病医治无效,于2015年6月14日7时08分在北京逝世,享年91岁。

3. 文体新闻

(1)4月14日20:05《舞出我人生》在央视一套播出,在这档由《中国好声音》团队再度出击、原创的舞蹈励志公益节目中,不仅仅是明星一个人的精彩,明星和草根舞者在公益爱心的号召下走到一起来,节目带来的是温暖与感动。

(2)近日,"动漫蓝皮书"系列第五本《中国动漫产业发展报告(2015)》正式上市。该书对2014年中国动漫产业的主要特点和发展态势进行了全面梳理和盘点,并从产业融合、生态体系、商业模式、粉丝经济、IP品牌、产品营销、国际化

7个方面提出了不同的发展建议,希望能给广大读者尤其是动漫从业人员提供参考。

(3)中国钢琴家郎朗28日在联合国总部被任命为关注全球教育的联合国和平使者。在联合国总部达格—哈马舍尔德图书馆礼堂,联合国秘书长潘基文为郎朗颁发了一枚带和平鸽图案的别针和联合国和平使者证书。

联合国和平使者由来自艺术、文学、音乐和体育领域的杰出人士担任,由联合国秘书长任命。现任其他联合国和平使者还包括美国演员乔治·克鲁尼、约旦公主哈娅·宾特·侯赛因和巴西作家保罗·科埃略等。

(4)北京时间9月6日,2015年女排世界杯在日本进入最后一轮比赛的争夺。焦点战中,中国女排苦战四局,3-1(25-17/22-25/25-21/25-22)力克东道主日本女排,夺冠的同时摘得本次世界杯的冠军,同时拿到了明年里约奥运会的入场券。这个冠军也是郎平执教20年生涯里的第一个世界冠军头衔,她也成为继张蓉芳之后,又一位在球员时代和教练时代都摘得世界冠军的传奇人物。回顾郎平的执教生涯,从2013年临危受命接手现在的中国女排开始,铁榔头带领女排三年时间里成绩取得节节高,以世界冠军的成绩为里约奥运会造势,也让人们对于中国女排明年奥运的前景更加期待。

4. 国际新闻

(1)欧洲复兴开发银行14日批准中国为该行股东。欧洲复兴开发银行发表声明说,该行与中国企业存在广阔合作空间,该行已经做好与亚洲基础设施投资银行合作的准备。欧洲复兴开发银行成立于1991年,总部设在伦敦,目前拥有66个股东,宗旨是帮助和支持中欧和东欧国家市场经济转化。近年来,其投资范围拓展到中亚、欧洲中部及东南部等地。

(2)以色列警方14日说,一名巴勒斯坦青年当天在耶路撒冷市区驾车冲撞公共汽车站候车人群,造成14人受伤,袭击者随后被以色列安全部队人员击毙。事发后,以色列总理内塔尼亚胡下令加强耶路撒冷公共汽车站安全措施。10月初以来,以巴地区安全局势急剧恶化。频繁发生的袭击事件和暴力冲突造成20名以色列人、100多名巴勒斯坦人以及1名美国人死亡。

(3)俄罗斯总统新闻秘书佩斯科夫14日说,原计划于本月15日在圣彼得堡举行的俄罗斯和土耳其高层合作委员会会议取消。俄罗斯舆论认为,会议取消与俄土关系恶化有关。土耳其11月24日以侵犯土领空为由击落一架执行打击叙利亚境内极端组织任务的俄罗斯战机,俄土关系骤然紧张。事发后,俄罗斯中断同土耳其所有军事联系,并对土耳其采取大规模经济制裁措施。

(4)也门总统哈迪14日宣布和什叶派胡塞武装停火,停火自15日12时起实施。也门各方将于15日在瑞士展开新一轮和谈,以达成一项永久停火协议。去年9月,胡塞武装控制首都萨那,并于今年1月软禁哈迪和内阁成员。哈迪逃脱软禁后经亚丁逃到沙特阿拉伯。今年7月以来,也门政府军在沙特等国军队空中支援下收复部分失地,但是首都萨那仍被胡塞武装控制。

第二节 通讯

♪ 大江歌罢掉头东

一九一七年,是恩来在中学的最后一年。寒假期间,他到河北省开平县耿家营一位好友家做客。开平是开滦煤矿的所在地,村里有许多矿工家属。恩来一方面看到了经济破产的北方农村,一方面又看到了在英国资本家奴役下的矿工悲惨的生活,这使他更加迫切地想寻求救国的道路。

在恩来上学期间,经常利用假期到农村、矿区参观游历,增长自己的知识,开阔自己的眼界。还在沈阳上小学的时候,他就在暑假期间访问过日俄战争的遗址——魏家楼子,在断墙残壁面前立下了救国救民的誓言,感动了一位六十多岁的老人,特意给十三岁的恩来写了一首诗,对他寄予厚望。所有这些走访,都使恩来更加深了对祖国的认识,坚定了他爱国救国的志向。

那时候,列宁领导的俄国十月革命还没有爆发,先进的中国人寻求救国的真理,总是面向西方。中国的近邻日本学习资本主义,改革封建社会,成了东方的强国。因此,也有不少中国青年到日本学习,想从那里获得解救祖国的理论和方法。

中学即将毕业,恩来为自己的道路而思虑,他下定了救国的决心,决定到日本去留学。可是那时候他家境贫寒,一个只有一件蓝布长衫的学生要渡海赴日,是不可能的。不过,这困难并不能阻止他。

他在六月底以品学兼优的成绩从南开学校毕业,七八月间奔走于天津、北京两地,向老师、同学筹措旅费。很多老师、同学都尽力帮助他,旅费很快凑齐了。

他就要渡海而去,离开祖国。一个十九岁的青年,在这样的时候怎么能不心情激动呢?他伫立在屋中,凭窗遥望,思潮起伏,俯身到桌前,写下了一首气势磅礴的诗篇:

大江歌罢掉头东,

邃密群科济世穷。

面壁十年图破壁,

难酬蹈海亦英雄。

诗的大意是:

唱罢"大江东去"的辞章,我毅然掉头东渡远航。

我要深刻精细地探讨社会科学,来解救祖国的危亡。

我愿像古人一样刻苦钻研,达到"破壁而飞"的境地,以此精神来改造今天的社会。

即使壮志难酬,我要跳入东海,为理想献身,也算英雄刚强。

十九岁的周恩来就怀着这样的激情,告别祖国。他先北上沈阳,和伯父告别,又向沈阳的母校师生辞行。九月初,穿过鸭绿江,从朝鲜的釜山乘船,横越滔滔的江海,渡向一衣带水的邻邦——日本。

分析与提示: 这是周恩来19岁时发生的故事,现在读来仍能激励人们的爱国热情和为理想而奋斗的精神。要把故事播讲得情节连贯,脉络清晰,有层次感,并推进故事走向,一气呵成。故事中《大江歌罢掉头东》的诗篇,要着力表现诗意,语势要扬起,但不是朗诵。

请欣赏著名播音艺术家齐越播讲的配乐故事《大地的儿子——周恩来》的节选《大江歌罢掉头东》。

县委书记的榜样——焦裕禄(节选)

人民日报社记者

"活着我没有治好沙丘,死了也要看着你们把沙丘治好!"

开封医院把焦裕禄转到郑州医院,郑州医院又把他转到北京的医院。在这位钢铁般的无产阶级战士面前,医生们为他和肝痛斗争的顽强性格感到惊异。他们带着崇敬的心情站在病床前诊断,最后很多人含着泪离开。

那是个多么阴冷的日子啊!医生们开出了最后的诊断书。上面写道:"肝癌后期,皮下扩散。"这是不治之症。送他去治病的赵文选同志决不相信这个诊断,人像傻了似的,连声问道:"什么,什么?"医生说:"你赶紧送他回去,焦裕禄同志最多还有二十天时间。"

"医生,我求求你,恳求你,请你把他治好。俺兰考是个灾区,俺全县人离不开他,离不开他呀!"

在场的人都含着泪。医生说:"焦裕禄同志的工作情况,在他进院时,党组织已经告诉我们。癌症现在还是一个难题,不过,请你转告兰考县的群众,我们医务工作者一定用焦裕禄同志向困难和灾害斗争的那种革命精神来尽快攻占这个高峰。"

这样,焦裕禄又被转到郑州河南医学院附属医院。

焦裕禄病危的消息传到兰考后,县上不少同志曾到郑州看望他。县上有人来看他,他总是不谈自己的病,先问县里的工作情况,他问张庄的沙丘封住了没有?问赵垛楼的庄稼淹了没有?问秦寨盐碱地上的麦子长得怎样?问老韩陵地里的泡桐树栽了多少?……

有一次,他特地嘱咐一个县委办公室的干部说:"你回去对县委的同志说,叫他们把我没写完的文章写完,还有把秦寨盐碱地上的麦穗拿一把来,让我看看!"

5月初,焦裕禄的病情进一步恶化。在这种情况下,他的战友、县委副书记张钦礼匆匆赶到郑州探望他。当焦裕禄用他那干瘦的手握着张钦礼,两只失神的眼睛充满深情地望着他时,张钦礼的泪珠禁不住一颗颗滚了下来。

焦裕禄问道:"听说豫东下了大雨,雨多大?淹了没有?"

"没有。"

"这样大的雨,咋会不淹,你不要不告诉我。"

"是没有淹!排涝工程起作用了。"张钦礼一面回答,一面强忍着悲痛给他讲了一些兰考人民抗灾斗争胜利的情况,安慰他安心养病,说兰考面貌的改变也许会比原来的估计更快一些。

这时候,张钦礼看到焦裕禄在全力克制自己剧烈的肝痛,一粒粒黄豆大的冷汗珠时时从他额头上浸出来。他勉强擦了擦汗,半晌,问张钦礼:

"我的病咋样?为什么医生不肯告诉我呢?"

张钦礼迟迟没有回答。

焦裕禄一连问了几次,张钦礼最后不得不告诉他说:"这是组织上的决定。"

听了这句话,焦裕禄点了点头,镇定地说道:"呵,那我明白了……"

隔了一会儿,焦裕禄从怀里掏出一张自己的照片,颤颤地交给张钦礼,然后说道:"钦礼同志,现在有句话我不能不向你说了,回去对同志们说,我不行了,你们要领导兰考人民坚决地斗争下去。党相信我们,派我们去领导,我们是有信心的。我们是灾区,我死了,不要多花钱。我死后只有一个要求,要求组织上把我运回兰考,埋在沙堆里。活着我没有治好沙丘,死了也要看着你们把沙丘治好!"

张钦礼再也无法忍住自己的悲痛,他望着焦裕禄,鼻子一酸,几乎哭出声来。他带着泪告别了兰考人民的好书记,自己的好战友……

谁也没有料到,这就是焦裕禄同兰考县人民,同兰考县党组织最后一别。

一九六四年五月十四日,焦裕禄同志不幸逝世了。那一年,他才四十二岁。

分析与提示:焦裕禄离开我们已五十多年了,他的事迹仍然激励着广大干部带领群众战胜各种困难。习近平总书记的《念奴娇·追思焦裕禄》中写道"百姓谁不爱好官?把泪焦桐成雨。生也沙丘,死也沙丘,父老生死系""为官一任,造福一方,遂了平生意",深深表达了对焦裕禄的崇敬之情。当年,这篇通讯是由我国著名播音艺术家齐越播音的。齐越的播音催人泪下,感人至深,给听众留下了深刻的印象。当下,在党的群众路线教育实践活动中,中央重新发出向焦裕禄学习的号召,这篇通讯更有现实意义。

♪ 一株小草

"没有花香,没有树高,我是一棵无人知道的小草……"每当我唱起这首歌,就会想起一位叫芦亚带的战友,他默默无闻地为人民站了三年岗,最后把生命也奉献给了祖国。这不正是我们所说的"小草精神"吗?1985年8月25日,广东省乐昌县发生了百年未遇的特大洪水,他为了完成任务以身殉职了。

那天早晨6点左右,一股迅猛的山洪翻着几米高的浊浪,卷着树枝、庄稼、家畜……沿着武江河滚滚而下,所到之处顿成泽国。无情的河水漫过河堤包围了某监狱,切断了接岗哨兵的道路。这时已经完成了两小时值勤任务的芦亚带,叫游泳前来接岗的战友回营报告情况,他却继续站在岗楼上监视犯人的动静。

洪水在以每分钟30厘米的惊人速度急剧上涨。6点15分,水冲进了监狱。犯人开始骚乱了,纷纷向高处爬。值班管教干部对小芦说:"哨兵!我们要转移犯人,你先转移吧。"这时,如果小芦涉水爬上山坡,就没有危险了。可是,哨兵一撤开,万一犯人的混乱状态无法控制,后果将不堪设想。小芦深知自己的处境,更知道肩上的责任。"不行,犯人还没有转移,我不能先走。"他毫不犹豫地说。

6点25分,洪水推倒了监狱围墙,冲击着像孤岛一样的哨楼。这时爬上楼房顶上的管教干部又对小芦说:"哨兵,快到我们这边来。""这是我的哨位,没有命令,我不能离开!"他把个人的生死置之度外,坚定地屹立在摇摇欲倒的哨楼上。6点35分,班长叶苗金带领部队控制了监狱,并传令芦亚带撤哨。正当他背起枪准备泅水回营时,一个巨浪冲过来,哨楼倒塌了……

"小芦——""亚带——"战友们追着洪水狂奔,呼叫。风在呼啸,水在咆吼,山谷里回荡着战友的悲鸣,但再也听不到这位年仅21岁的战友的回音了。

朋友,你有机会到粤北山区,在湘粤公路旁的雷土山上,一定会看到那座生着束束无名小草的坟茔,那就是芦亚带安息的地方。

啊,只知奉献的小草,又何止这一束。

分析与提示:小草没有树的高大和伟岸,没有花的艳丽和芳香,然而,小草的奉献精神是值得赞美的。21岁的年青战士芦亚带在生命的紧要关头,坚守哨位,执行命令,最后以身殉职,把宝贵的生命奉献给了祖国。播音员应怀着崇敬的心情播送这篇通讯。表现出洪水的凶猛和战士的坚强。"小芦——""亚带——",可以用虚声的长音呼喊,以形成"风在呼啸,水在咆吼,山谷里回荡着战友的悲鸣"的情境。

祭英雄

碧海掀涛涛如泣,长空铺云云低回。

4月26日上午,海军航空兵某部官兵和海南省、湖州市党政领导及社会各界群众近千人,在祖国南海沉痛祭奠"海空卫士"王伟。

王伟烈士的遗像悬挂在陵水机场的机库正前方。上午8时30分,官兵们缓步来到这里……

哀乐带不走英雄的音容笑貌,泪水遮不住英雄的矫健身影。在10年的飞行生涯中,王伟以1000多小时空中穿云破雾,2000多架次海空展翅,把自己锤炼成祖国的海天骄子。

在过去的25个日日夜夜里,王伟的亲人、战友、祖国人民每时每刻都在盼望着王伟归来。战友赵宇在王伟的遗像前肃立默哀,泣不成声:"我的好战友,你还记得我们的海天之约吗?我多么希望再与你一起重返蓝天,比翼双飞……"

自幼向往大海的王伟,有着像大海一样坦荡无私的博大胸怀,锻造了像大海一样生生不息的坚强意志。在对美国军用侦察机的跟踪监视中,他果敢坚定,沉着冷静,英勇顽强,为捍卫国家主权和民族尊严,不惜将血肉之躯献给大海,为自己33岁的年轻生命画上了一个悲壮的句号。

上午10时30分,亲人和战友们捧着王伟的遗像登上"常德"一号战舰,护送王伟魂归大海。南海的万顷碧波卷起亿万朵白浪花,铺满通向英雄魂归的航道;一条条黑色的金锚飘带随海风起舞,汇成献给英雄的挽幛。

11时30分,"常德"舰驶抵海南岛外海域。汽笛长鸣,海天动容;哀乐如诉,撕人心肺。王伟的亲人和战友们在军舰甲板上,将一个个花环、一朵朵鲜花、一片片花瓣,轻轻地抛洒在波峰浪谷中。王伟的妻子阮国琴带来了丈夫亲手培植的三角梅;姐姐王琳带来了弟弟最喜欢的映山红;战友王忠带来了英雄钟爱的太阳花……

一个个花环、一朵朵鲜花、一片片花瓣,撒向大海。一同洒下的,还有不尽的亲人爱、战友情、哀思泪。

"王伟,你放心走吧,我会替你加倍疼爱我们的儿子,把他培养成才,报效祖国。"妻子阮国琴有着倾诉不完的哀思。

风卷云舒,波汹浪涌。王伟,你将永远屹立在祖国的海空,与亲人同在,与战友同在,与大海同在!

分析与提示: 开篇"碧海掀涛涛如泣,长空铺云云低回"把人们带入悲痛之中。这两句要播得既沉缓又凝重。本篇的重点是后半篇,"护送王伟魂归大海"的场面。"汽笛长鸣,海天动容;哀乐如诉,撕人心肺"。要把"将一个个花环、一朵朵鲜花、一片片花瓣,轻轻地抛洒在波峰浪谷中"的情景再现出来。要把对英雄的怀念和亲人、战友对英雄的感情表达出来,把握好分寸。

颜书记和头号座

寿山镇黑牛村党支部书记颜景宏是响当当的茬。前些年,他的工作样样排在全镇的头里,是全镇的得脸儿人物,年年被评为先进。镇里无论召开大会小会,他都被安排在头排最显著的位置。久而久之,那头号位置变成了老颜的"专座"。别人谁也不敢问津。而他,也从来没客气过。

要论工作,老颜确实有两下子,有的村欠外债,而黑牛村哪年都赚下个万八千元。他的威信也真高,走得正、行得正,处事公开,大家都佩服他。别的不说,黑牛村谁家的父子爷们儿间闹意见、顶了牛或是小两口闹矛盾什么的,他不用到场,只要掏出笔,下一道十几个字的"圣旨",一切便会烟消雾散了。

可谁知,最近,出了件让他丢面子的事。那象征着水平、成绩和在全镇特殊地位的"座"丢了,让他着实上了一顿火。

原来,镇里今年开会,是按各村的新上项目、产值、利润和贡献大小,论英雄、排座次的。据此,堂堂正正的黑牛村党支部书记颜景宏被安排在了第三排。

先进们一个个被请上台介绍经验,一组组数字敲打着老颜的心,一件件事实都证明,黑牛村落后了。你老颜就应该坐在第三排。老颜耷拉头了。

会后,镇党委领导想跟他谈谈,可颜景宏什么也没说。四十六岁的他,也确实不想说什么。

晚上,颜景宏睡不着觉了。他回想起这一年多,确实没的整好。黑牛村奔小康的路子没迈开。村办企业、三大一果,给打"狼"了。而其他村也实在上得太快了。没想到自己一疏忽,竟让人家抢了先。

近日,颜书记忙乎开了,跑项目、抓养牛、建大棚。起早贪黑,东跑西颠,人都累瘦了。镇里领导和乡亲们虽然心疼,但都知道,颜书记是惦记着那把椅子。大家都不肯说出口,都希望他重新坐上头号那把椅子。

分析与提示:这是一篇新闻故事,一位新闻主播借鉴评书的语言形式进行播音,呈现出起伏跌宕、错落有致的语言形态,有一定的渲染成分。如,"那头号位置变成了老颜的'专座'",这里的"专座"可以重读并加强语气色彩,加上眼神、手势等动作把故事活灵活现地讲给观众听。

第三节 评 论

♪ 还是要勤俭建国

几年来,我国的经济形势越来越好,人民的生活水平逐步提高,人们的生活方式也发生了一些变化。在这种情况下,有些同志认为,艰苦奋斗、勤俭建国的精神可以不要了。

这是一种误解。勤俭、朴素是中华民族的美德,艰苦奋斗、勤俭建国是中国人民的优良传统。现在,尽管经济建设取得了巨大的成就,但是,我们的国家还不富裕,建设资金还不够充足。各部门、各单位特别是各级领导干部,都要树立全局观念,识大局,顾整体,为国家富强而奋斗。这就要求,不论是生产还是生活,都必须杜绝任何形式的浪费,都应该精打细算,勤俭办一切事业,努力增加积累。即使以后我们国家富强了,人民富裕了,勤俭的精神也还是不能丢。

现在有少数同志忘掉了勤俭建国的好传统。他们巧立名目,滥用公款,使国家增加不必要的开支。还有的同志,只顾个人,不顾国家;只顾局部,不顾全局;只顾眼前,不顾长远。办什么事都讲排场,摆阔气,大手大脚,铺张浪费,甚至挥霍无度。这种行为,不但给国家造成经济损失,而且败坏了党风、民风。

也许有同志说:现在不是鼓励消费吗?鼓励消费并没有错。但是,这样做的目的是为了促进生产,并不是要大家不顾条件乱花钱,更不是提倡大家挥霍浪费。生产决定消费,消费促进生产,消费水平的增长要建立在生产发展的基础上。如果脱离这个基础,盲目地、片面地追求高消费,那就错了。在四化建设、振兴中华的伟大事业中,我们还是要大大发扬艰苦奋斗、勤俭建国的精神。

分析与提示:这篇评论写于 20 年前,现在读来,也不觉得过时。这是一篇优秀的评论文章,具备评论写作的全部要素。题目就是这篇评论的中心论点,层次分明,论述有力,语言简洁,说理透彻。著名播音艺术家葛兰播送这篇评论时,把题目《还是要勤俭建国》给予充分的强调,表明鲜明的观点,特别是对重音"还是"的强调,恰到好处。

伟大梦想照耀复兴之路

深重苦难锻造民族凝聚力,奋斗抗争锤炼爱国行动力,探索前行磨砺历史判断力。

回首昨天,雄关漫道真如铁;审视今天,人间正道是沧桑;展望未来,长风破浪会有时。近现代中国的历史链条,昭示出中华民族复兴之路的必然走向,那就是中国特色社会主义道路。

我们正处在国家发展的重要战略机遇期,百余年奋斗史所积累的深刻经验提供现实镜鉴,人民开创美好生活的愿望成为发展进步的动力。

信念在胸,使命在肩,牢记发展才能自强,牢记道路决定命运,牢记艰苦努力才能把蓝图变成现实。中国共产党新一届中央领导集体参观复兴之路展览,再一次凝聚全民族的深刻共识,再一次向全世界宣示我们的道路自信、理论自信和制度自信。

中华民族是一个命运共同体,个人得失与国运兴衰休戚相关。国家好,民族好,大家才会好。空谈误国,实干兴邦,历史预言未来,团结才能致远。再有不到10年,中国共产党的奋斗将满一世纪;还有不到40年,新中国将迎来百年诞辰。我们坚信小康社会一定能如期全面建成!我们坚信,社会主义现代化中国一定能卓立于世界东方!我们坚信,中华民族复兴的伟大梦想一定能实现!

分析与提示:这是中共中央总书记习近平参观"复兴之路"大型展览并发表讲话后,中央电视台发表的一篇评论。评论中的一些话就是习总书记的原话,如"回首昨天,雄关漫道真如铁;审视今天,人间正道是沧桑;展望未来,长风破浪会有时""空谈误国,实干兴邦"。要把这篇评论播得平实、有力,给人以信心,给人以力量。语言处理上,层次要分明,逻辑要严谨。

为了大家的清凉

夏日炎炎,我们的心里却异常舒爽,因为我们身边有为大家带来方便和凉爽的交警赵森们、搬运工人小张们、安装工薛师傅们……

骄阳下,他们是一棵棵无人知道的小草,没有耀眼的光华,但是天气越热,他们的付出越显可贵。他们背后还站着一群人,一群同样默默奉献令人尊敬的劳动者。

大热天里,小草用自己的绿荫装扮着大地的清凉,敬业的劳动者们为我们的社会吹来了阵阵清凉之风。

分析与提示:这篇评论是为新闻事件配发的短评。题目《为了大家的清凉》有一种温暖人心之感。播这篇短评语气亲切,并表现出对这些平凡的劳动者的赞美之情。语势平稳,节奏适中。这篇短评只有几百个字,但表达的语意却很深刻。不能文字一短,播得就浅,要加强对稿件的理解和感受。

让改革旗帜在中国道路上飘扬

现在摘要播送《人民日报》今天发表的社论:让改革旗帜在中国道路上飘扬。

社论说,在万众瞩目与期盼中,党的十八届三中全会胜利闭幕了。中国的改革站在了新的历史起点上。

改革开放是决定中国命运的关键抉择。全会通过了《中共中央关于全面深化改革若干重大问题的决定》,深刻剖析了我国改革发展稳定面临的重大理论和实践问题,阐明了全面深化改革的重大意义和未来方向,提出了全面深化改革的指导思想、目标任务、重大原则,描绘了全面深化改革的新蓝图、新愿景、新目标,合理布局了深化改革的战略重点、优先顺序、主攻方向、工作机制、推进方式和时间表、路线图,汇集了全面深化改革的新思想、新论断、新举措,形成了改革理论和政策的一系列重大突破,是我们党在新的历史起点上全面深化改革的科学指南和行动纲领。

社论强调,经济体制改革是全面深化改革的重点,核心是处理好政府和市场的关系,使市场在资源配置中发挥决定性作用和更好地发挥政府的作用,这是《决定》提出的一个重大理论观点。

社论最后说,改革开放是我们党在新的时代条件下带领全国各族人民进行的伟大改革,是当代中国最鲜明的特色。发展中国特色社会主义是一项长期的艰巨的历史任务。贯彻党的十八届三中全会精神,全面深化改革开放,就是我们在发展中国特色社会主义进程中,进行的一场具有新的历史特点的伟大斗争。"惟其艰难,才更显勇毅;惟其笃行,才弥足珍贵"。让我们紧密团结在以习近平同志为总书记的党中央周围,锐意进取,攻坚克难,谱写改革开放伟大事业历史新篇章,为全面建成小康社会,不断夺取中国特色社会主义新胜利,实现中华民族伟大复兴的中国梦而奋斗!

分析与提示:十八届三中全会是党的十八大以来最重要的一次会议,全会通过了《中共中央关于全面深化改革若干重大问题的决定》。这篇社论就是配合这个决定发表的。第二段第一句"改革开放是决定中国命运的关键抉择"是这篇社论的中心论点,要加以强调。随后的"剖析了……""阐明了……""提出了……""描绘了……""合理布局了……""汇集了……""形成了……"要有层次感,并平稳推进到"是我们党在新的历史起点上全面深化改革的科学指南和行动纲领"。"使市场在资源配置中发挥决定性作用"是重点,其中"市场"和"决定性"是重音,要加以强调。"惟其艰难,才更显勇毅;惟其笃行,才弥足珍贵",这句话含义深刻,要加以强调并放慢速度。从"让我们紧密团结在以习近平同志为总书记的党中央周围……实现中华民族伟大复兴的中国梦而奋斗!"语气要自信、坚定,充满为之奋斗的精神。

第十章 解 说

第一节 电视专题片解说

家在向海(节选)
申晓力

你看见,你也听见了。

这就是丹顶鹤。

在鸟类专家分辨出它鸣叫的感情以前,这声音已在一个叫向海的地方回荡了不知多少万年……

这是在欧亚板块东部,中国科尔沁草原更东些的地带。沼泽、湖泊与静静流淌着的河流相连贯着。

霍林河与额穆泰河毫无保留地丰富着向海,直到它水丰、草盛。

造化的灵秀,给向海带来无数的鸟类。它们聚散在这阳光普照的三角带。

鸟类在这里繁衍生息,并以此为家。

……

向海的天空永远拥有这么多飞翔的翅膀,这是向海的骄傲,正像鸟类以向海为荣一样,其实这同样是他们毁不灭、也赶不走的家啊!

当秋天来到向海的时候,向海人知道这是收获的日子。

同时,人们开始准备在青年人中挑选最强壮、最有勇气的人,他们将要到相隔遥远的城市去采购大量的生活用品。因为他们必须要熬过漫长而且严酷的向海之冬。

鸟类也在梳洗干净羽毛,准备一次长途的旅行。他们只有靠暂时迁往南方,来躲避向海寒冷的冬天。

还是像离家出一趟远门一样,它们在向海深秋的最后一个早晨,依依不舍地徘徊着。

它们将要去南方过一段流浪漂泊的日子,但是它们不会忘记向海这个可爱的家园。它们期待着春天的到来……

我们仿佛听得见最为高亢的声音从天空传来——那一定是丹顶鹤的呼唤:家在向海,家在向海,家在向海……

分析与提示:这是一篇电视专题片获奖作品。开头的八个字:"你看见,你也听见了。"解说者要展现听到丹顶鹤的叫声,看到丹顶鹤在飞翔的画面。解说词中间是大段的描写、叙述和抒情,如同朗读一篇优美的散文。结尾部分:"我们仿佛听得见最为高亢的声音从天空传来——那一定是丹顶鹤的呼唤:家在向海,家在向海,家在向海……"天空中的丹顶鹤离我们越来越远了,三个"家在向海"是丹顶鹤发出的"声音",这声音渐渐远去,消失在远方。解说时,注意情感与意境的交融。

一个共产党员的公仆情怀

一边牵挂着村里的父老乡亲,一边牵挂着老家的白发亲娘和望眼欲穿的妻子女儿。在选择面前,安徽省小岗村党委第一书记沈浩把对小家的爱倾注在对大家的爱中,全心全意为人民服务,展示了一个共产党员的公仆情怀和一个农民儿子的承诺。

(画面:小学)

这是小岗村唯一的一所小学,很多孩子都记得,沈浩叔叔第一次来到学校,看到他们在满是泥土的地上活动,半天没有说一句话。几天后,沈浩带着村民们为这座小学修建了水泥球场。

在小岗,百姓的冷暖,时刻牵挂着沈浩的心。

2005年夏天的一个晚上,雨下得特别大。沈浩想起村民徐庆山一家住在三间危房里,他当即拿起雨伞,摸黑冲出去。一路上,鞋子跑掉了,光脚跑到徐庆山家。

(画面:录音)

从这以后,沈浩下决心一定要彻底改善村民的住房条件。经过多方奔走,四处求援,小岗村第一批村民住宅建成。包括徐庆山在内的26户住房最困难的农民先住进了160平米的楼房里。

6年来,沈浩一直在为小岗村农民的幸福奔波、操劳。在小岗,人们都知道沈浩的房门从不上锁。无论白天、黑夜,乡亲们只要有事随时可以走进他的房间。

(画面:录音)

86岁的秋士兰老妈妈腿脚不好,细心的沈浩专门从合肥给她买了一只拐杖。村民殷广勇有个痴呆的媳妇和两个未成年的孩子。沈浩三天两天给他家送油、送米。

6年中,沈浩不知多少次把身上的衣服脱给瑟瑟发抖的贫困户;不知有多少次把口袋里的钱拿给患病的村民;不知有多少次在凌晨接待来访的群众;不知有多少次到年迈的村民家中问寒问暖。

(画面:录音)

一分真情、两份牵挂。面对村民挽留他的红手印,是回去,还是留下再干三年,沈浩曾经非常犹豫。他也实在想家。最让沈浩牵挂的是他90多岁的老母亲。刚到小岗村第一年,不能再照顾自己的母亲,不得已托付给老家亲人。临上车时,他扑通一声,跪倒在母亲面前说:老娘,儿子到小岗村工作了,不能回来好好地照顾您,等我任职期满,就去接您。说完,他给老娘叩了一个响头。起身时,已是泪流满面。

(画面:录音)

一边是家人亲情的呼唤,一边是村民深情的挽留。最终,沈浩留了下来。沈浩对他的妻子说:前三年,我帮小岗村民把新房盖起来,但房子是空的,他们还不富裕。我再干三年,等他们房子里东西都满了,我就回来。

然而,沈浩没能再回到省城的家中,他永远留在了小岗村。

6年春秋,他把一腔的爱都给了小岗的父老乡亲。因为他不仅仅是儿子、丈夫、父亲,他的血管里,还流淌着一个共产党员的责任,用他的话说,我是农民的儿子,我是小岗人的儿子。

分析与提示:该片生动描写了沈浩为小岗村脱贫致富而献身的动人事迹。解说与画面互为主从,有时突出画面,有时强调解说,语言在画面中"若进若出",又融为一体。

第二节 体育解说

♪ 中国女排荣获世界冠军

(女)亲爱的同志,1981年11月16日是我国体育运动史上一个难忘的日子,中国女子排球队以七战全胜的成绩,荣获第三届世界杯女子排球赛冠军。经过几代人几十年的努力,三大球之一的女排,终于登上世界冠军宝座。

喜讯传来,全国上下无不欢欣鼓舞,纷纷向中国女排祝贺,向女排学习,为推进四化建设作出贡献。为了纪念这段有意义的日子,我们中央人民广播电台把女排获得冠军以后几次重大庆祝活动的广播录音汇集一起,留作纪念。

下面是11月16日晚上,在日本大阪进行的第三届世界杯女排决赛,中国队同日本队的比赛尾声。

(实况)

(宋世雄解说)日本队发球,日本队5号小川发球,中国队孙晋芳把球传出以后,现在郎平扣球,中国队后排把球垫起,日本队一号××扣球,中国队拦网,没有拦住,日本队得分。14平。

各位听众,各位观众,台湾同胞们,海外侨胞们,这是这届世界杯比赛中最后一场的最后一局的比赛。郎平高点强攻,再扣,第二次,日本队防守很严,两次都救起来了。中国队在组织防守反击,中国队把球拉开以后,郎平吊球,日本队8号××把球接起来。1号××再扣球,球打中了,日本队得分,15比14。日本队发球,中国队接好球,现在由郎平再扣球,郎平打一个抛手球,这个球是平打,打在对方拦网手上出界,中国队夺回发球权,现在是14比15。这是到了多么关键的时刻！袁伟民还是很沉着。中国队发球,日本队8号从外面扣球,中国队三人拦网,日本队再组织进攻,日本队8号××扣球,中国队把球传到网前,郎平再扣球,日本队后排把球接起来,3号××再扣,孙晋芳把球传起来,中国队郎平——好球！郎平在4号位的斜线扣球。真不容易啊！15平！中国队发球,日本队一传没有到位,日本队把球打过来,中国队拦网得分！16比15。1号曹惠英,6号孙晋芳两人走到一起互相拍拍肩,说着话。中国队发球,日本队小川把球传过来以后,中国队拦网得分,17比15。中国队胜利了！队员们都跑到一起,中国队以3比2战胜了日本队,以7战7胜的优异成绩夺得了本届世界杯比赛的冠军。中国女子排球队的队员跑到场内向观众致意！队员们跑到一起拥抱。我们向中国女子排球队表示衷心感谢！我们代表广大的听众和观众向她们祝贺！

(略)

第三届世界杯女子排球赛的发奖仪式开始。

大会宣布:中国女子排球队获得第一名,日本获得第二名,第三名是苏联队。中国女子排球队已经走上了领奖台。国际排联的负责人把奖杯发给中国队。

各位听众,各位观众,台湾同胞们！海外侨胞们！孙晋芳把闪闪发光的奖杯接在手中,向观众致意！现在在日本的大阪体育馆奏起了中华人民共和国的国歌！升起了五星红旗。同时,也升起了日本和苏联的国旗。

分析与提示:1981年在日本大阪举行的第三届世界杯女排决赛的现场解说,是著名体育解说员宋世雄解说生涯的经典之作,充分显露出他的才华和天赋。他的解说极大地鼓舞了中国女排的斗志和全国人民的信心。他才思敏捷、口齿伶俐,在"一秒六字如卷席"的快节奏中吐字仍然十分清晰,体现出他的语言功力。他的解说与现场气氛完美结合,达到了天衣无缝的境地。

王濛夺得500米短道速滑世界冠军

于嘉:比赛开始。王濛抢道。

杨扬:好,好。

于嘉:王濛第一没有问题。

杨扬:没有问题。

于嘉:继续保持第一的位置,越滑越快。她的领先优势非常明显。她甚至
　　　可以调一下风墨镜。

杨扬:不错,不错。

于嘉:她几乎确定了领先优势。保持稳定。

杨扬:王濛的优势已经非常明显了。

于嘉:这和上次她在都灵冬奥会比赛夺得冠军完全不同。进入决赛圈了!
　　　最后的半圈了! 最终取胜!

杨扬:好!

于嘉:王濛夺冠。王濛双手向上,庆祝胜利。中国选手在温哥华冬奥会女
　　　子500米决赛中夺得冠军。她向教练李琰跪倒不起……

杨扬:恭喜王濛! 恭喜中国女子短滑队! 恭喜李琰!

于嘉:她对教练的感激之情溢于言表。她成为历史上四年一届冬奥会卫冕
　　　500米冠军的人,的确是非常出色。

分析与提示:中央电视台解说员于嘉在2010年温哥华冬奥会上的解说十分精彩。他善于捕捉稍纵即逝的情景并迅速描绘出来,比如捕捉到王濛调风墨镜的镜头并脱口而出。杨扬的三个"恭喜"充分表达了她作为短道速滑冠军的心情。于嘉与杨扬配合默契,你来我往,几乎一人一句,把气氛逐步推向高潮。于嘉最后一句"她成为历史上四年一届冬奥会卫冕500米冠军的人"非常到位。

第三节　文艺解说

♪ 古画新声
——介绍埙篌与箫组曲《清明上河图》(节选)

在北京故宫博物院里珍藏着一件稀世国宝,那就是北宋末年宫廷画师张择端创作的世界名画《清明上河图》。

《清明上河图》是一幅气势宏伟、线条精细、内容极其广阔的风俗画卷。它以北宋重要的经济运输命脉——汴河为主线,细腻而又极其生动地描绘了首都

汴京城郊清明佳节时的生活图景。无论是恬淡、秀丽、春意盎然的郊野，还是繁华喧闹、熙熙攘攘的市景；也不论是紧张辛劳的船夫、脚夫、商贾，还是悠然自得踏青、扫墓的达官贵人、平民百姓……五百多身份不同的人物，数十只造型各异的车、轿、船只，还有大大小小、高低错落的桥梁、城楼、屋舍、牲畜、草木……惟妙惟肖、栩栩如生。

画本是凝固了的生活。中年音乐作者刘为光以他艺术家特有的敏感，从这巨幅画卷中挖掘、提炼，创作出一部清新而又古朴的音乐——筝筷与箫组曲《清明上河图》。八百年前这一古画中的情、趣、声、韵就都在这流动着的旋律之中复活了……

你听！这音乐像不像和那原画同时诞生的姐妹？它们的格调、风韵是多么相似、相近啊！

……

下面，我们就把组曲《清明上河图》分段给您介绍一下。

第一段，中慢板。

开始是一段引子。箫的长音和筝筷浑厚的和弦，仿佛是牧笛和钟声的对答，把人带到遥远的年代……这引子有如京剧里的导板，引出了全曲的主题。

这个主题淳朴而又端庄，它由七声音阶构成，九度、七度、增四度等特色音程的运用体现了独特而地道的中国古曲音乐的风味。

筝筷滚动着的固定音型的泛音，清脆、明亮，透露出万物复苏的春天的律动。

然后，箫在筝筷的陪衬下完整地陈述主题，徐缓、庄重、委婉，仿佛是画家或者游人在尽情领略大地春光，安然而又深情。

第二段，行板。

这段音乐由两部分组成。

开始，筝筷用颤音和揉弦奏出主题。袅袅余音，使人仿佛看到清晨大地上淡淡的薄雾。随后，箫奏出连绵不断重复和模进的乐句，更增添了流连忘返、无限感叹的思绪。

后半段，音乐将主题倒置，旋律更加流畅。仿佛是踏青人的车轮、脚步和他们眼中的山光水色在频频移动。

第三段，小快板。

这一段节奏变得更加欢快，跳荡的音型体现了节日的欢跃。经过一大段铺垫，前一段倒置的主题又再次出现。这里运用了戏曲音乐中紧打慢唱的手法，筝篌的固定音型象征脚夫、轿夫、挑夫繁忙的脚步。箫的歌唱性旋律抒发着人们喜悦的心情。

第四段，急板。

这一段描绘原画中大船钻渡虹桥的场面，全曲进入高潮。

开始，筝篌从慢起到急速有力的弹奏造成一种紧张气氛。

由箫奏出的主题尾部长音上几个装饰音的急剧下滑，使人感受到惊险和顽强。接着，筝篌和箫再次运用紧打慢唱的手段，使人不仅看到搏斗的场面，也感受到围观的市民与船工息息相关的情感。最后，节奏变得规整、坚定，转而越加急促，表现船工们齐心协力，冲破激流，终于胜利通过了虹桥。

第五段，小黄板。

音乐又进入恬静、优美的意境之中。前几段某些音乐素材的重现，仿佛是阅毕画卷，又重新浏览，回忆画面上的某些片段。筝篌的泛音重又带来清新、明媚的春天的气息。

牧笛和钟声的出现标志着音乐进入尾声。与乐曲开头的引子遥相呼应。箫的甜润的长音伴着筝篌缠绵、温柔的揉弦、颤音，娓娓动听，并渐渐消失，令人回味无穷。

分析与提示：这是一篇介绍筝篌与箫组曲《清明上河图》的解说词。以解说为主，音乐为辅，音乐并不是背景音乐，而是主题音乐，解说要围绕主题音乐的表意和节奏变化展开。

《清明上河图》描绘了首都汴京城郊清明佳节时的生活图景。文中"五百多"和"数十只"作为对比性重音加以强调。"你听，这音乐像不像和那原画同时诞生的姐妹？"是出彩的句子，突出交流感，"姐妹"的表情意义要明显。

请欣赏著名播音艺术家林如、方明的解说。方明的"田园诗般的恬静"的抒情特色和林如的"似平淡却露真情"的语言风格，在这篇解说中表现得恰到好处。

独舞《采山》

《采山》这个舞蹈，以生动形象的舞蹈语汇，描绘了一幅具有林区生活特色的情景。

　　深秋的长白山,风光瑰丽,一片金黄。

　　山道上跑来一位活泼的少女。

　　她身背背筐,衣着素朴。

　　少女轻盈的脚步,惊动了森林里的"居民们"——彤红的枫叶向姑娘连连招手,金黄色的老橡树向姑娘频频点头。

　　姑娘踏上了细长的独木桥。

　　哎哟! 好险哪!

　　眼望长白秋色,果实累累,姑娘心里充满了喜悦,她赶忙撂下背筐,开始采摘。

　　哎,那儿的蘑菇真多呀!

　　哟,这儿的五味子多红啊!

　　这紫黑、晶莹的山葡萄更好看,来一粒尝尝……唷,太酸啦。

　　哈,这一串软枣子多大呀,品一品,啥滋味,啊——真甜哪!

　　咦,那是什么？

　　红红的果儿,碧绿的叶儿,

　　小心拨开草丛,轻轻挖去泥土。

　　啊,人参! 一颗雪白的人参。

　　姑娘手拿人参,欢乐地舞蹈起来。

　　背起沉甸甸的背筐,

　　戴上插满山花的草帽,

　　满怀收获的喜悦,姑娘下山了。

　　分析与提示:《独舞〈采山〉》解说词运用了大量的动词和叹词,例如,动词:惊动、招手、点头、蹚过、撂下、采摘、尝尝、品一品、拨开、舞蹈、背起、戴上等。叹词:哎哟、唷、哈、啊、咦。动词的表达要给人以动作感,把动词重读,或扬起,或延伸,或和其他词顿开,用想象体现动作的过程、时间和神态。叹词是表现情感较强烈的词,《采山》用了六个叹词表现在六个不同景物中的不同情感。叹词在表达时要和它前后的词分开,不要拘谨,要放开,要充分。在录制解说前,播音员要反复听音乐,体会音乐的情绪、节奏,并随着音乐进行试播,以使音乐和解说吻合。

第十一章　节目主持

第一节　新闻评论节目

拾金不昧要不要回报（节选）

节　目：中央电视台《实话实说》

主持人：崔永元

嘉　宾：郑也夫（中国社科院社会学所副研究员）

　　　　张宇燕（中国社科院世界经济政治所副研究员）

　　　　方子哥（北影演员剧团演员）

　　　　高博燕（《中国妇女报》总编室主任）

主持人：各位朋友，大家好。欢迎大家收看我们的节目！如果您看过这个节目，就知道这个节目有这样一个特色，那就是实话实说，高朋满座。大家都说新闻记者是消息灵通人士，我想问问高博燕女士，1996年2月15日发生了一件什么事？

高博燕：……

主持人：这么大的事都不知道？我来告诉你吧。1996年2月15日，北京有一位公司职员,他姓任,把大哥大丢在一辆出租汽车的前座上,(笑声)被这辆出租汽车的司机发现了。后来,这位出租司机用他拾到的大哥大和失主尽快取得了联系。几天以后,失主、公司职员任先生如约来到了出租司机潘师傅家里,大家请看大屏幕。(屏幕内容略)张宇燕先生,不知你看清楚了没有,这位任先生拿出一个信封,说这是他的一点心意,那么,这"心意"是什么呢?

张宇燕:我猜大概是一些货币,准确地讲是人民币。

主持人:高女士同意他的观点吗?

高博燕:那当然。

主持人:没有可能是感谢信什么的吗?

高博燕:我也希望是那样,但是不现实。

主持人:要表示的这位任新农先生就在现场,我们可以来问问他。任先生,你为什么非要给他送一个感谢信呢?

任新农:是信也好,是货币也好,我觉得一件东西失而复得,那种喜悦总得表示一下。

主持人:那到底是什么呢?

任新农:是钱。(笑声)

主持人:果然让他们给猜中了。我想了解你的想法,为什么要送一些钱。

任新农:既然手机是人家拾到了,人家可以自己任意来处置,他可以用若干种处置方式,比如转送、卖掉,或可以据为己有。但他主动地找我,还给我,本身这种行为就值得我感谢他,这种行为本身就是有价值的行为。

主持人:这正是我们今天要讨论的话题——拾金不昧要不要回报。我们先听听在座嘉宾的看法。张先生,你认为任先生的这种做法有必要吗?

张宇燕:可能还很有必要。这件事使我想到了孔子的一个故事,孔子有个学生曾经救过一个溺水的人,为了表示感谢,被救人给了他一头牛。牛在当时比现在的一辆出租车还贵。孔子的这个学生就收下了,其他学生就批评他,说他在人危难时救人是对的,但收人家东西就不对了。孔子听后认为收得对,为什么对呢? 说一旦接受人家的馈赠,就是回报,或者叫报答,就意味着今后更多处于危难当中的人可能会获救。

　　孔子是从更多的人的角度,而不是从一个人的角度来讲的,收多少钱、多少物姑且不论,但从社会效果来看,是大家都获益。所以我觉得应该收。

主持人:那就是说,如果孔子捡到了这个大哥大,他也会收下这份人民币或者感谢信?

张宇燕:我大致觉得孔子是会收下的。

主持人:请问郑先生,你与孔子和张先生的观点是一致的吗?

郑也夫:对孔子学说我历来十分钦佩,但"吾爱吾师,吾更爱真理"。就这个小问题而言,我不赞同这种做法……

主持人:两位先生的观点是不大一样的。请问高女士,你认为他们哪个说得更有道理?

高博燕:我觉得张先生更有道理。因为社会上有些人非常理想化,把社会想象得非常好,这一幕可能是我们社会经常能看到的,并不特殊……

主持人:方先生,你丢过什么东西没有?

方子哥:很少。我比较仔细。

主持人:我们作个大胆的推测,如果你的东西丢了,被别人捡到送回来,你会有这样的报答方式吗?

方子哥:会,肯定会的。

主持人:你又没有丢过东西,凭什么说肯定会呢?

方子哥:因为我觉得人家丢了东西会受到损失,首先精神上会受到刺激,其次是物质受了损失,所以,人家给你送回,就应该得到补偿。但作为捡到东西的人,既然做好事就应该做到底,不应该要。

主持人:如果要了呢?

方子哥:那……要了也没关系。(掌声,笑声)

主持人:如果以上三位嘉宾的观点成立的话,那么我们的讨论就可以到此结束了。关键是我们要听一听郑先生的观点。郑先生,是不是大家已经把你说服了?

郑也夫：大家远远没有把我说服，尽管刚才张先生抬出孔夫子，我也可以抬出中国很老很老的一些故事，比如善有善报，恶有恶报等等。但善有善报并不是说一把一利索，善有善报追求的是这种行善不计报酬，最后形成一个美好的社会，丢了这个社会，我们什么也没有了。

主持人：郑先生在强调道德的力量。你刚才矛头很锋利，像张先生提出的观点，一把一利索，有可能更会弄得大家人心不古，世风日下，张先生将来要负主要责任，是这个意思吗？（笑声）

……

郑也夫：市场经济是个好东西，可是我们的社会千万别成为一个大市场。（掌声）

方子哥：助人为乐需要鼓励！（掌声）

高博燕：希望这次讨论使我们的传统美德能有一个蓦然回首，不要让这段风景走得离我们太远！（掌声）

张宇燕：美德的火焰若再加上利益的燃料会更加旺盛！（掌声）

主持人：我们今天的讨论就要结束了，希望大家在结束以后回到自己的岗位和社会中，继续把这个话题讨论下去。无论是要回报还是不要回报，我们希望大家都能多做好事，多做善事，因为一个人做点好事并不难！（掌声）谢谢大家！再见！

分析与提示： 这是央视著名主持人崔永元早期主持的《实话实说》的一期节目。主持人的幽默是谈话节目成功的"催化剂"。崔永元的幽默调动了嘉宾和观众的参与热情，从而使他们积极发表自己的观点和看法。

节目的结尾紧扣主题，具有引导舆论的作用，即"无论要不要回报，我们希望大家都能多做好事，多做善事，因为一个人做点好事并不难！""一个人做点好事并不难"，下一句应是"难的是一辈子做好事，不做坏事"。这两句连在一起，是毛泽东的一句名言，所以，用"一个人做点好事并不难"结尾，升华了节目的主题。

寻找失去的声音（节选）

节　目：中央电视台《焦点访谈》

主持人：敬一丹

您好！观众朋友，欢迎收看今天的《焦点访谈》。

这一天啊，人们还在回味宁夏银川那一次全程动员行动的寻找。在银川，有一位四岁半的小姑娘，不小心把人工耳蜗弄丢了，孩子陷入了无声世界，全家陷入了困境。这么小的一个耳蜗，这么大的一个城市，到哪儿去找呢？而奇迹真的发生了。

（画面、解说）

将近5天全程寻找自发行动，让孩子重新回到了有声世界，人们寻找到的，不仅仅是一个丢失的耳蜗，还有彼此间的关爱。这场全程爱心接力，实现了人心向善的力量，让人们在这冬天里，收获了温暖，收获了感动。那么，现在呢，小玉儒和父母一起加入了义工组织，他们想把爱心传递下去，帮助更多的人。孩子母亲说，孩子长大了，一定会告诉她这次经历，教育她以后也要做好人、行善事。

分析与提示：本节目以"寻找失去的声音"而不是寻找失去的"耳蜗"为题，突出和升华了主题。敬一丹的主持风格质朴平实、庄重大气，语气自然、亲切。她的语言表达不仅规范，而且精致，表现出很好的语言功力。同时，副语言运用也很得体。

♪ 不要使孩子成为流浪儿（节选）

节　目：中央人民广播电台《午间半小时》

主持人：虹云

中央人民广播电台，现在是《午间半小时》节目。听众朋友好！我是虹云，今天的节目，我要先给您介绍一个新朋友，他是我们《午间半小时》的热心听众，也是我们播音界的后备力量，他的名字叫张泽群。

……

小张，前两天，你给我们送来了一盒磁带，我们要好好谢谢你。你跟流浪孩子的交谈，我们全体编辑部的同志都听了。听了以后，我们感觉这个孩子的经历很发人深思。所以，今天我们把你请到话筒前来，就是想请你这个当事人直接跟我们的听众朋友谈一下你和这个孩子初遇时的情形，好不好？（略）

（出歌曲《斯瓦尼河畔》）

听众朋友，您听了张泽群同学的介绍，还有他和蒋卫红谈话的录音，有什么感受？小卫红，这是一个多可爱的孩子啊，他那稚气而又深刻的话语让人听着心酸。是啊，他没有学坏，那是因为他感到不相识的好心人给予他的温暖和关怀。他还牢记着父亲告诉他要靠自己的劳动来生活。我想，他是守着人们给予他的同情，守着父亲的教诲，守着对亲人们深深的怀念，生活了下来。而且，用他自己那颗纯真的富于同情的心去温暖比他更弱小的人，可他自己还是一个孩子呀，他需要爱，需要帮助。听众朋友，我想再放一通小卫红的讲话录音，让我们再听听这个孩子说过的话：（出录音）"现在啊，我人还小，不需要什么帮助，但是将来长大了，还有很多困难。"

如果蒋卫红的父母你们此时此刻也在收听我们的节目，我很想对你们也说几句话。你们有一个多么可爱的孩子啊！他身体有病，学习不好，你们应该帮助他、理解他。他是个孩子啊，又是个病人。他是多么需要亲人的鼓励、支持和关怀。亲人的关怀和温暖可以坚定他对生活的信念和希望。当然，他也许成不了一个伟人。可是，我想，他做一个平凡的人，干自己力所能及的事情，也同样有意义。小卫红的父母，把你们的孩子找回来吧！让他回到亲人的怀抱，在亲人的微笑里，忘记过去的忧伤和恐惧，重新面对生活，做出自己的选择。父母的爱能舔平他幼小心灵上的伤痕。每一个孩子都是祖国的花朵，都应该有鲜花一样的童年。可是小卫红呢，他现在却远离亲人，一个人在外面擦皮鞋，当搬运工，苦苦想念着自己的父母。小卫红的父母，你们能听见孩子梦中的呼唤和哭泣吗？

听众朋友，近两年来，小学生离家出走的现象很严重。孩子离家出走的原因比较复杂，其中有些孩子是因为父母不和，缺乏家庭温暖。刚才蒋卫红也谈到，他的父母吵架，不和睦，家庭的紧张气氛使孩子产生一种躲避的心理而离家出走。

中小学生出走的另一个重要原因是因为学习成绩不好，家长粗暴打骂，造成孩子精神上极度恐惧。我希望我们这些做父母的人要认真思考一下教育孩子的方法。同时，也要考虑孩子的实际情况，不是所有孩子都是神童，不是所有的人都能成为伟人。伟人毕竟是少数，但是人类的历史是伟人和平凡的人共同书写的。从这一点来说，听众朋友，您能说普通人平凡的一生是没有意义的、是虚度时光的吗？

（间奏）

我们《午间半小时》节目曾经收到不少听众朋友的来信,希望我们能多讲点怎样教育孩子这个问题。下面我想讲几个小故事,也许您能得到一点启发。英国著名诗人布莱克小的时候,有一天,他从幼儿园回家,路上看见一棵松树,他一下子站住看呆了,这棵松树又高又大,沐浴在夕阳的余晖里,浓密的枝叶缝隙中间,无数道光束向下倾泻,呈现出一片迷离的色彩。布莱克呆呆地望着这颗松树,心里充满了一种难言的激动。在他的眼前,出现了一幅美妙的景象:许多身穿彩衣的仙女,长着翅膀,在树枝间翩翩起舞,嬉笑游玩。布莱克又惊又喜,一口气跑回家去,把自己看到的仙女讲给父亲听,他讲得上气不接下气,还拉着父亲到大松树那儿去看,邻居们也跟着这父子俩跑。大家跑到大松树那儿一看,松树静悄悄的,夜幕慢慢降临,笼罩了一切,人们都瞪着眼睛问"仙女在哪儿啊?"

父亲很生气,打了布莱克两下,骂他是个说谎的孩子。以后布莱克又说他看见了仙女,父亲又打了他一顿。布莱克的母亲很细心,她想,这孩子总是看见一些别人看不见的东西,而且说起来认认真真,不像是有意骗人的样子,恐怕是这孩子的想象力特别丰富吧!不应该随便冤枉孩子,说他是撒谎。以后又遇到这种情况,母亲就为布莱克辩解,非常认真地听小布莱克绘声绘色地描述他看到的一切,跟他一起欢笑和悲伤。布莱克挨了父亲的打,又总是受别人嘲笑,他再也不大喊大叫了,他总是向母亲述说他的各种"奇遇"。他坐在屋子里,专心致志地把自己看到的美景画下来,写成诗,母亲总是他的热心听众和读者,鼓励他多写多画。后来,布莱克终于成为英国著名的诗人和画家。在诗歌创作中,他打破了18世纪古典主义的束缚,以清新的民歌体和无韵体诗歌,抒写理想和生活,开创了浪漫主义诗歌的先河。

听众朋友,我想,如果没有母亲的爱护,布莱克的天才也许就在父亲的打骂和别人的嘲笑声中湮灭了。所以,您哪,平时要多观察孩子的言行,要善于发现孩子的优点和缺点。每个孩子的第一任老师就是父母,您可得当好第一任老师呀!

伟大的生物学家达尔文就特别注意和自己的孩子交朋友。达尔文工作很忙,但是他并不因此就忽略对孩子的教育,他写道:"我的第一个孩子降生于1839年12月27日,从这天起,我就开始记录他的各种表情。"他对孩子的成长做了详细的解读。他和孩子站在完全平等的地位,孩子们认为,他是一个最令人喜欢的游伴。达尔文经常给孩子讲自己航行的见闻,开阔孩子的视野。本来他工作的时候,不准许孩子随便进入书房,可是孩子们玩着玩着,借点什么胶布啊、针线啊、尺子啦,都要闯入父亲的禁区,达尔文也从来不责怪孩子。有一次,达尔文正伏案疾书,门被推开一个小缝,有一只小手伸进来,小手上放了6便士,4岁的儿子悄悄地把头伸进来,对他说:"爸爸,出来跟我们玩一会儿,这6便士给你买糖吃。"你看,多么天真可爱的孩子啊!达尔文放下笔,走出来,陪着孩子们玩了一会儿,然后说:"以后不要再打断爸爸的工作,好吗?"孩子懂事得点头答应,在他们看来,达尔文既是慈祥的父亲,又是快乐的朋友。

分析与提示:《不要使孩子成为流浪儿》通过小卫红流落街头的事,深刻反映出社会生活中的问题,呼唤全社会都来关心孩子、救救孩子。从语言表达方式上,主持人根据内容的需要和情感的变化,采取人称称谓交叉和交谈对象交叉的方法,即主持人或是第一人称,或是第二人称,或是第三人称。交谈对象或是一对一,或是一对几,或是一对众多。主持人像摄影师一样,既可取大场面,又可取特写镜头。主持人虹云在讲怎样教育孩子的故事时,采用播讲式。交谈式的语言程序可以交叉和跳跃,而播讲式语言程序较为单一。前者可以由主持人进行设计,并可随机应变,随时调整。后者是由作品本身决定的,播讲者不能重新进行语言程序的设计。

第二节　社会服务节目

♪ 致台湾一位女中学生(节选)

节　目:中央人民广播电台《空中之友》
主持人:徐曼

亲爱的台湾同胞,您好!我是徐曼,感谢您收听我主持的《空中之友》节目。

此刻,我不知道听众朋友当中有没有那位给我来信的台湾女学生?四月底,我收到了一封没有署名的听众来信。只是在读完这封信之后,我才知道,写信人是一位女学生,在台湾一所很有名气的中学读书,今年只有十几岁。

这位女学生在来信当中谈到了她和她的同学们面临的升学压力,可悲的是,还有的学生为了升学而自杀。这位女学生说,她为了应付考试,每天用功读书到夜里两三点钟。许多同学眼睛近视了,毕业班只有几个人不近视,身体受到了摧残。可是当局呢,却毫不关心他们。用这位女学生的话说,他们专讲那些无济于事的鬼话,什么"三民主义必能统一中国"之类,这些使这位女学生很反感。这位女学生接着谈到了她对于国事、对于人生的一些看法,我觉得很有见地。她最后希望我能够介绍一下祖国大陆的升学制度。这位女中学生给我的来信信封的背面还写有"非本人,请勿拆阅"七个字。看完信以后,我想了一下,好像在给我来信的台湾听众朋友当中最年轻的就是这位只有十几岁的女中学生了。她年龄虽然不大,却显得很有见识,我呢,确实很喜欢结识这样的朋友。

现在,请允许我首先表示一个小小的心愿——如果这位女学生正在听广播而且同意的话,请您听我说,我愿意和您交个朋友,我把您看成自己的小妹妹,您呢,就称我为徐姐,好吗?今天,我非常高兴为这位小妹妹主持这次节目,希望能得到您的喜欢。

听众朋友,给我来信的那位台湾小妹妹,看了您的信,我想了好多好多,脑子里一会儿浮现出许多台湾中学生单纯稚气的笑脸,并猜测着您的模样。一会儿呢,又想起我十几岁的时候,在中学里读书的情景,这对我来说,是一段多么愉快多么难忘的时光啊!每当我回忆起这段生活的时候,心里真是甜滋滋的。

说到这里,我想,听众朋友,台湾的小妹妹也许会对我中学时代的生活感兴趣吧?

记得我上中学的时候,学校老师要求我们做到"身体好,学习好,工作好",当时我不大理解,怎么第一好是身体好呢?学生不应当首先做到学习好吗?老师亲切地对我说,你们当然要刻苦学习,但是更重要的是锻炼身体,注意健康。因为你们还只有十几岁,正是长身体的时候,身体好才有充沛的精力去学习、去工作。听众朋友,台湾小妹,我觉得老师讲得很有道理,现在想起来,还有一种感激的心情。学校老师当时对我们是多么关怀呀。还记得当时学校经常组织学生检查身体,发现有病,及时为我们治疗。老师很关心我们的生活,经常问寒问暖。对了,老师还特别反对我们"开夜车",说熬夜不但对眼睛不好,而且影响身体发育,反复嘱咐我们做到每天九小时睡眠。睡得好,吃得好,运动好,学习起来才能有劲头,事半功倍。我想,我把我的老师当年讲的这些话,在这里告诉给亲爱的台湾小妹,也许小妹会从中得到启发吧?

的确,我的中学时代是在无忧无虑中度过的,那时学习之余我们蹦啊,跳啊,唱啊,说到这儿,我想起了我们当年最喜欢唱的歌儿《让我们荡起双桨》。记得上中学的时候,一到星期天,我们就三五个同学聚集在一起,去北海公园划船,一边划,一边唱着《让我们荡起双桨》这首歌儿。听众朋友,台湾小妹,直到现在我还经常哼唱这首歌。我记得这首歌是这样唱的:"让我们荡起双桨,小船儿推开波浪,海面倒映着美丽的白塔,四周环绕着绿树红墙……"现在实在是唱不好了,您别见笑。

……

我祝亲爱的台湾小妹健康成长,早日成长为对祖国有用的人。

亲爱的台湾小妹,您在信中提到的台湾社会的腐败,我也是很清楚的。我十分敬佩小妹能有这样锐利的目光。只是小妹现在还在求学,人小力单,还不足以同腐败势力相抗衡。所以呢,我劝小妹要注意安全,对许多问题还是默默地加以思考为好。说起来,许多问题的解决需要一个过程,性急是不行的,苹果熟了,自然要从树上掉下来,用一句成语,叫"水到渠成"。小妹,您说是不是?

(略)

听众朋友,我是徐曼,好,这次《空中之友》节目结束的时间又到了,谢谢您的收听!再会!

分析与提示:这是一篇针对台湾听众的广播节目,在海峡两岸产生强烈反响。徐曼成了无数台湾听众的挚友,徐曼的声音如"一缕轻风飘过去",滋润着台湾同胞的心。这期节目是主持人说给"台湾一位女中学生"的,针对性很强。语言亲切、舒展、自然,真情吐露自己的心声。特别是把那位中学生"看成自己的小妹妹,您呢,就称我为徐姐",这不就是掏心窝子的话吗?主持人还为这位小听众唱起《让我们荡起双桨》这首家喻户晓的歌,给人们带来愉悦和欢欣。请听徐曼的作品。

神州旅游——介绍台湾名岳玉山

听众朋友,您好!

今天呢,是七月八日。正是旅游的"旺季"。我为您介绍一下台湾海拔最高的名岳玉山。

玉山是台湾岛上的第一高峰，也是东亚地区，包括日本、朝鲜、东南亚各国以及我国东南沿海的最高峰，海拔3995米。玉山高大雄伟，像一位巨人，屹立在台湾的中部。它的形状虽然没有什么奇特之处，正如珠穆朗玛峰朴实无华的模样一样。但它端坐在台湾众山之上，论山势、论山容，玉山都有"王者至尊"的气派。由北向南看，它的容貌最壮观。高耸的山巅令人产生一种敬畏的感觉。清晨，玉山被云雾裹在山中，伟岸的山峰好像在酣睡一般。中午，玉山巨大的身躯突出在群峰之上，使人领略到万山"臣服"的意境。傍晚，红色的晚霞映得玉山金黄，玉山像穿上了一身金色的衣衫，真是壮丽无比。

爬玉山，更是一种乐趣，是锻炼身体和考验意志的好机会。若是在四、五、六月，登玉山的人可以饱览一丛丛绚丽的高山杜鹃花。高山杜鹃花可不像在盆里栽的杜鹃花那么小家碧玉，而是像一丛一丛的灌木，开着艳丽的大花。红的、粉的、白的，富丽而端庄，有十足的大家闺秀的气度，给登山人带来了幸福和享受。要说玉山之路最有名气的那还是爬栈道了。全程有六十七座，一座座的栈道悬在山崖之侧，深谷之上，使人心惊胆战。有的人开始不敢抬脚迈步，不过过了十几座以后，胆子也就磨壮了。越往前走，眼前的风物逐渐显得萧瑟了。箭竹取代了缤纷的草花。有时候，飘来一股云雾，人就驾了云。爬了一天的山，最好在排云山庄住一夜，在排云山庄旅馆的床上美美地睡一觉。第二天起个大早，只要经过一两个小时，就能爬上玉山的峰顶了。站在玉山顶上，北眺可以看到雪山，东瞰可以看到中央山脉的山头，南望可以看到大武山，向西可以看到阿里山、祝山。这时候，登山者成了全台湾位置最高的生命了。无论你欢呼也罢，歌唱也罢，甚至"嗷、嗷"大声怪叫也罢，也不会有人说你失态。因为登山者投向了大自然的怀抱，在大自然母亲的怀抱里，每个人都有权利撒撒娇，您说是不是？

听众朋友，刚才我给您介绍的是我国名岳玉山，希望您以后有机会也去登这座迷人的玉山。好，这次节目就到这儿。谢谢您的收听！再见。

分析与提示：这是广播中旅游节目的一篇稿件，介绍了玉山的美景，爬玉山的过程和感受以及住宿等服务信息。播读这篇稿件，态度热情，语气亲切，对美景的描述突出画面感，对感受的诉说突出交流感。

钱塘大潮

"八月涛声吼地来,头高数丈触山回。"这是唐朝诗人刘禹锡描写钱塘大潮的诗句。

钱塘江,位于我国江南名城杭州市的东南面。这里风景优美,水流曲折。健步登上玉皇山顶,远眺钱塘江,好像是一个反写的"之"字,"之"字上的一点,正是美丽的杭州西湖。每年农历八月十八日,钱塘江畔的居民,都要到江边来观潮。欣赏那最惊心动魄的一幕。人们登上赭山尽览"海宁潮"的壮景;登上玉皇山和吴山又可眺望"杭州潮"的盛况。

潮水来时,站在钱塘江堤上向东极目远眺,在远处波涛起伏的江面上,忽然出现一道白线,好像有亿万条银白色的鱼在宽阔的江面上跳跃、追逐;又好像一群洁白的天鹅排成一线展翅翩翩飞来。转瞬之间,你就能听到春雷轰鸣般隆隆的潮声。接着,高头大浪,滚滚而来,水声隆隆而动地,巨浪滔滔而掀天。潮头近时,但见眼前陡然出现一堵三四米高直立的水墙,排山倒海,翻腾咆哮;白花花的潮头飞溅雾空;玉城雪岭,际天而来,震撼激射,吞天沃日。苏东坡的诗句,"欲识潮头高几许,越山浑在浪花中",正是这幅奇景的生动写照!接着,潮峰便疾如雷电似的一闪而过,激勇而去……

钱塘大潮是怎样形成的呢?

潮汐是一种自然现象,它是由于月亮和太阳对地球的引力而产生的。钱塘大潮的生成则又和钱塘江的地质构造、地形有关。钱塘江的入海口——杭州湾是一个外宽内窄的喇叭状外形,加上钱塘江河口海宁河段,水下有一隆起的像门槛一样的沙坎。八月中旬,正直大潮汛,海水从外海逼来,由于江面突然束狭,江水涌高,而钱塘江口河段滩高水浅,于是后浪紧推前浪使潮峰赶上潮谷,层峰叠嶂,浪差迅起,至此,举世闻名的钱塘江大潮终于形成。在历史上,钱塘江大潮的最大潮差,曾达两三层楼高,可谓壮观至极。

一年一度秋风劲,在钱塘江,八月十八观潮是两岸人民的快事。

分析与提示:这篇稿件介绍了钱塘大潮的景象和形成原因,是训练情景再现的经典篇目。对钱塘大潮由远及近的描写极富画面感,潮水由白线到水墙,潮声由无声到雷鸣般再到咆哮,表达时注意层次感,欲扬先抑,做好铺垫。

♪ 文艺日历——陆游

听众朋友,今天是南宋词人陆游诞生862周年纪念日。

现在,我向您简单地介绍一下陆游。陆游,字务观,号放翁,是今天的浙江绍兴人。宋孝宗的时候,被皇帝赐予进士,历任县主簿、州通判、知州、礼部郎中、秘书监等职。后来投身军旅生活,晚年退居家中。

陆游生活的年代,正是宋、金对峙的年代。这时,国土分裂,战争频繁,朝政黑暗。陆游主张坚决抗金,充实军备,以统一国家,同时整顿朝纲。然而,腐败的政权中,投降派窃居要职,陆游的政治主张得不到实现。陆游晚年,宋朝已丢失北方大片国土,偏安一隅。陆游虽然退居家中,但收复中原的信念始终不渝。这些,在他的大量诗词中,都表现得十分充分。陆游的诗、词,有着雄浑豪放的风格,像"关山月""书愤""农家叹""示儿"等。有些描写日常生活的作品,则十分清新。

说起陆游,人们就会想起他和他的表妹唐婉的爱情悲剧,以及他那首流芳千古的"钗头凤"。

陆游年轻的时候,和表妹唐婉结婚,夫妻相敬如宾,十分恩爱。然而陆游的母亲不喜欢唐婉,硬要陆游与唐婉分开。陆游万般无奈,被迫和唐婉离异,但内心留下了巨大的痛苦。几年后的一个春日,陆游心情郁闷地在城郊的沈园独游,恰好遇到唐婉和她后来的丈夫也在游园。唐婉以酒肴款待他。陆游十分伤感,于是挥笔,题下一首缠绵悱恻的词篇,这就是"钗头凤"。陆游的"钗头凤"是这样写的:

> 红酥手,黄縢酒,
> 满城春色宫墙柳。
> 东风恶,欢情薄,
> 一怀愁绪,几年离索。
> 错!错!错!
> 春如旧,人空瘦,
> 泪痕红浥鲛绡透。
> 桃花落,闲池阁。
> 山盟虽在,锦书难托。
> 莫!莫!莫!

这首词的上阕,写两个人虽然久别重逢,却再不能温情如初,就像宫墙内的杨柳一样,可望而不可即。表达了作者深深的惆怅、追悔和愤恨。

词的下阕,继续写词人的痛苦。春日如旧,物是人非,那花落人稀的凄苦景象,更烘托诗人的满腹忧伤。

唐婉见了陆游的这首词后,也和了一首"钗头凤",不久,就抑郁而死。

分析与提示:这篇稿件简单介绍了陆游诗词风格的成因,以及他和表妹唐婉的爱情悲剧。播读时,语气亲切,节奏沉稳,娓娓道来。请听雅坤对这篇作品的播讲。

谈谈灵感

"灵感"是个很有魅力的词儿,对人们特别是对年轻人有着很大的吸引力。有人这样形容"灵感",说它是茫茫夜空中的流星,虽然转瞬即逝,却光彩夺目。也有人这样讲,灵感是智慧女神的使者,只有最聪明的人才能看到这位使者的尊容。真不知道从什么时候开始,灵感在它诱人的魅力中被人们增添了多少神秘的色彩。正是这神秘的色彩使不少人把灵感看成是可望而不可即的东西,甚至为自己没有灵感而深感自卑。其实,灵感并不神秘也绝不是可望而不可即的东西。应该说,灵感人人皆有,特别是青年人,感觉敏锐,记性好,思路敏捷,想象丰富,正是灵感迸发的大好年华。

那么,什么是灵感呢?灵感是一种最佳的创作心理。具体地讲,人们在创造性活动中,有时会突然产生某种新形象、新概念和新思想,这就是人们通常所说的"灵感"。灵感是人们在创造性活动中突然展现的最佳创造能力,它是创造性思维能力、创造性想象能力和记忆能力的巧妙融合。美国化学家普拉特和贝克曾经对灵感问题进行了调查研究。在他们调查的科学家中,33%的人产生灵感,5%的人偶尔产生,17%的人没有产生过灵感。

在这个调查中,我们可以看出,灵感还是普遍存在的。自称没有产生过灵感的17%的科学家据了解也并不是没有灵感,而是他们不承认灵感的存在。我们说,这些科学家有这种看法并不奇怪,这是因为,灵感往往是在长期从事科学研究中突然获得,并能使研究获得成功。

分析与提示:这篇稿件介绍了灵感的存在和灵感的成因。知识性服务节目往往内容的说理性较强,有些专业性较强的稿件可能不够通俗易懂,播讲时,更要注意表述清楚,用小事实说清大道理。

第三节　电视综艺节目

春节联欢晚会主持人串联词（节选）

董　卿：让我们各自点燃手中的走马灯，陪伴大家一起，守望甲午马年的到来。

张国立：既然是马年，那我就提议用"马"字命题，说吉祥话，给大家送上新春的祝福。

朱　军：那我先来，就算是"抛砖"，好不好？我祝大家的事业在马年一马当先，马上封侯，马到成功。

张国立：今天，是我的本命年，我来接。我觉得你说的事业很重要，但身体更重要。我祝大家的身体人高马大，人强马壮，龙马精神。

董　卿：一个说事业，一个说健康，我说说家庭吧。祝福家家户户人欢马叫，肥马轻裘，士饱马腾。

李思思：到我了，我说说梦想。希望新的一年，我们都能为自己的梦想厉兵秣马，做好准备，跃马扬鞭，勤加努力，一马平川，所向无敌。

……

朱　军：过去的一年，对我们的国家，对我们每个人来说，都是不平凡的一年，我们共同战胜了各种困难和挑战，我们用心血和汗水创造了新的成绩。生活总是充满希望的，而成功又总是属于那些不懈努力、勤奋追求的人们。在这辞旧迎新的时刻，让我们一起举起手中的灯，也让我们点亮心中的灯，让我们一起祝福：祝福伟大祖国国泰民安，祝福人民的生活幸福安康，祝福我们的梦想都插上翅膀，祝福我们脚下的道路洒满阳光。

　　亲爱的朋友们，时间的花朵已经在小彩旗的身上绽放了，让我们一起来迎接马年钟声的敲响。

众：10、9、8、7、6、5、4、3、2、1。

众：（欢呼）新—年—好！

分析与提示：这是 2014 年中央电视台春节联欢晚会零点报时前的一段主持串联词。用这段串联词做练习，提高舞台语言表现力。练习时，要保持兴奋状态，声音要打远，音量要足，要有穿透力。主持人之间配合要默契。

欢腾除夕夜 京城不夜天（节选）

（除夕晚会流动拜年车）

（北京电视台前）

（男、女节目主持人）

男：观众朋友！

女：你们好！

男：北京电视台迎春除夕晚会已经隆重开始。

女：我们流动拜年车队已经整装待发！

男：今天，我们将以一个别开生面的形式，与各位观众朋友和北京人民共同欢度除夕。

女：我们流动拜年车队将陆续带领大家环绕京城，到几个别具特色的外景欢乐场区，去一饱眼福，开心娱乐。

男：我们将把一个最热闹的北京除夕献给您！

女：我们将把一个最红火的北京除夕献给您！

男：我们将把一个最欢乐的北京除夕献给您！

女：我们将把一个最意想不到的北京除夕献给您！

男：总之，我们的目的只有一个，我们将把电视机的镜头推到您的家门前。

合：和大家一起过年！

分析与提示：这是除夕之夜的一段外景主持。练习时，精神饱满，热情兴奋，用充满喜悦之情的表达感染观众。

金色时光特别节目（节选）

迎新春，除旧岁，万象更新，喜字迎门。在这喜庆的日子里，来自全国各地百余位健康老人以及全国 18 家省市电视台的同行，各界朋友欢聚在这里共庆佳节。

我们把成就和光辉留给了昨天，我们把希望和梦想留给了明天。在这除旧迎新的时候,我们向全国的老年朋友拜年!向一年来关心、支持老年事业的各级领导、各界朋友献上我们的祝福!

祝大家全家欢乐,吉祥幸福!

祝老年朋友健康、长寿!

分析与提示:这是对象性节目《金色时光特别节目》的主持人开场白。说主持词时,一要注意有节日的欢庆气氛,二要注意对象感。

第十二章　文艺作品演播

第一节　诗　歌

♪ 观沧海
曹操

东临碣石，以观沧海。
水何澹澹，山岛竦峙。
树木丛生，百草丰茂。
秋风萧瑟，洪波涌起。
日月之行，若出其中；
星汉灿烂，若出其里。
幸甚至哉，歌以咏志。

分析与提示：作者通过对美丽大自然的描写，抒发对壮美山河的无比热爱。朗读四言古诗时，采用两两节拍，如："东临/碣石，以观/沧海。""秋风/萧瑟，洪波/涌起。"两字中间有一个心理停顿，从语意上讲，后两个字要强调，适当突出。著名播音艺术家夏青以雄浑的声音和沉稳的情感将这首诗的诗情画意再现出来，听来有身临其境之感。

石壕吏
杜甫

暮投石壕村,有吏夜捉人。
老翁逾墙走,老妇出门看。
吏呼一何怒!妇啼一何苦!
听妇前致词:三男邺城戍。
一男附书至,二男新战死。
存者且偷生,死者长已矣!
室中更无人,惟有乳下孙。
有孙母未去,出入无完裙。
老妪力虽衰,请从吏夜归。
急应河阳役,犹得备晨炊。
夜久语声绝,如闻泣幽咽。
天明登前途,独与老翁别。

分析与提示:杜甫的这首诗描写了老妇一家在战乱中的悲惨命运。叙述具体,描写细腻。最后两句:"夜久语声绝,如闻泣幽咽。天明登前途,独与老翁别。"表达了作者对人物命运的担忧和牵挂。请欣赏夏青的朗诵。

雨霖铃
柳永

寒蝉凄切,对长亭晚,骤雨初歇。都门帐饮无绪,留恋处,兰舟催发。执手相看泪眼,竟无语凝噎。念去去,千里烟波,暮霭沉沉楚天阔。

多情自古伤离别,更那堪冷落清秋节!今宵酒醒何处?杨柳岸,晓风残月。此去经年,应是良辰好景虚设。便纵有千种风情,更与何人说?

分析与提示:这是一首"送别"题材的词。作者抒发了恋人之间的离情别绪和别后的凄楚情景。"执手相看泪眼,竟无语凝噎",将一对恋人分别时的悲痛表现得淋漓尽致。朗诵时,感情含蓄,语调沉缓,以表现诉无语、泣无声的内心活动,重音在"执手"和"无语"上。"多情自古伤离别"已成为千古名句。朗诵时,要有一定的感情色彩和分量,以体现其深刻的意义。"今宵酒醒何处?杨柳岸,晓风残月。"朗诵时,"何处"要扬起,之后有一个明显的停顿,体现出语句的逻辑关系。

念奴娇·赤壁怀古

苏轼

大江东去,浪淘尽,千古风流人物。故垒西边,人道是,三国周郎赤壁。乱石穿空,惊涛拍岸,卷起千堆雪。江山如画,一时多少豪杰。

遥想公瑾当年,小乔初嫁了,雄姿英发。羽扇纶巾,谈笑间,樯橹灰飞烟灭。故国神游,多情应笑我,早生华发。人生如梦,一樽还酹江月。

分析与提示:这首词大气磅礴,豪放雄浑,朗诵时要稳健有力,高亢坚实。将情感和气息融为一体,语言更加舒展,韵味悠长。

木兰诗

唧唧复唧唧,木兰当户织。不闻机杼声,惟闻女叹息。

问女何所思,问女何所忆。女亦无所思,女亦无所忆。昨夜见军帖,可汗大点兵,军书十二卷,卷卷有爷名。阿爷无大儿,木兰无长兄,愿为市鞍马,从此替爷征。

东市买骏马,西市买鞍鞯,南市买辔头,北市买长鞭。旦辞爷娘去,暮宿黄河边,不闻爷娘唤女声,但闻黄河流水鸣溅溅。旦辞黄河去,暮至黑山头,不闻爷娘唤女声,但闻燕山胡骑鸣啾啾。

万里赴戎机,关山度若飞。朔气传金柝,寒光照铁衣。将军百战死,壮士十年归。

归来见天子,天子坐明堂。策勋十二转,赏赐百千强。可汗问所欲,木兰不用尚书郎,愿驰千里足,送儿还故乡。

爷娘闻女来,出郭相扶将;阿姊闻妹来,当户理红妆;小弟闻姊来,磨刀霍霍向猪羊。开我东阁门,坐我西阁床,脱我战时袍,著我旧时裳。当窗理云鬓,对镜贴花黄。出门看火伴,火伴皆惊忙:同行十二年,不知木兰是女郎。

雄兔脚扑朔,雌兔眼迷离;双兔傍地走,安能辨我是雄雌?

分析与提示：《木兰诗》是一首脍炙人口的长篇叙事诗，记叙了巾帼英雄木兰替父从军的故事。朗诵这首诗要着力体现木兰刚强的性格和高尚的情操。"旦辞爷娘去……但闻燕山胡骑鸣啾啾"和"爷娘闻女来……对镜贴花黄"，感情色彩是，前段沉郁，后段欢快。通过"开""坐""脱""著""理""贴"的动作，体现人物的个性特征。首句以声传情，尾句既表现形象性，又体现哲理性。这首诗诗句匀称。朗诵时处理好平仄，使抑扬顿挫自成节奏。从语言训练的角度，朗读这首诗不仅可以把表意、抒情、绘景结合起来，还可以训练吐字归音、气息控制，使字音丰满而圆润，气息流畅而自如。

怀抱

张俊以

一只蚂蚁睡着了，
躺在绿叶的怀里；
一只蝴蝶睡着了，
躺在花朵的怀里；
一只小鸟睡着了，
躺在小树的怀里；
我睡着了，
躺在妈妈的怀里。

分析与提示：这里的"蚂蚁""蝴蝶""小鸟"为次重音，相对应的主重音是"绿叶""花朵""小树"。重点句是"我睡着了，躺在妈妈的怀里"。运用含蓄的情感、心存感激的心情去表达。

小草

朱自清

睡了的小草，
如今苏醒了！
立在太阳里，
欠伸着，揉她们的眼睛。

萎黄的小草，
如今绿色了！
俯仰惠风前，
笑眯眯地彼此向着。

不见了的小草
如今随意长着了！
鸟儿快乐的声音，
"同伴，我们别得久了！"

好浓的春意呵！
可爱的小草，我们的朋友，
春带了你来么？
你带了她来呢？

分析与提示：以写抒情散文而闻名的朱自清写的这首脍炙人口的《小草》，叫人读来爱不释手。诗人用拟人化手法，把小草写得活灵活现。有的词用得非常精当，如"笑眯眯地彼此向着"的"向"，给人以强烈的动感效果。这首诗没有韵脚，多用语气词，如"了""么""呢"，使语句更加自然、活泼。

小花

小花，小花，
你有伙伴吗？
小花挨着小草羞羞答答。
小草，小草，
你有姐妹吗？
小草依偎着小花，
吐出毛茸茸的嫩芽。
于是，小花和小草牵着小手，
从初春走到盛夏，
香飘大地，绿满天涯……

分析与提示：作者用拟人的手法把小花、小草比喻成两个小姐妹。小花与小草的"对话"，要亲切、自然，节奏上"小花,小花,你有伙伴吗?"和"小草,小草,你有姐妹吗?"可稍快,而"小花挨着小草羞羞答答"和"小草依偎着小花,吐出毛茸茸的嫩芽",可慢些,并再现情景。最后,"香飘大地,绿满天涯……"要渐慢、渐弱,呈现渐远的意境。

笑吧

两颊上有一个清新的早晨,
眉宇间有一个明媚的春天,
眼睛里有一个金色的太阳,
笑吧,这一切都将出现!

跋涉过一段情感的戈壁,
人们更企盼笑的泉眼;
饱尝过几次冷漠的苦涩,
人们更渴求笑的甘甜。

没有笑,柜台是一堵隔墙,
没有笑,职别是一道防线;
没有笑,世界将变得冰冷,
没有笑,生活将没有明天。

盛气吹不起威风,
高傲砌不成尊严。
蒙娜丽莎微启的笑唇,
却征服了人们几千年。

生活不能没有爱的细流,
感情不能没有善的和弦。
绽开笑的灿烂花朵吧,
来把这文明的国度装点!

分析与提示:这是一首对"笑"的赞美诗,语言清新、流畅。前三句,把两颊比作早晨,把眉宇比作春天,把眼睛比作太阳,只有"笑",才能出现。朗诵时要热情地去赞美。"蒙娜丽莎微启的笑唇,却征服了人们几千年",当朗诵这句时,眼前会出现蒙娜丽莎微笑的画面,微笑的力量不可阻挡,它给人们以温暖。

乡愁

余光中

小时候,
乡愁是一枚小小的邮票,
我在这头,
母亲在那头。

长大后,
乡愁是一张窄窄的船票,
我在这头,
新娘在那头。

后来啊,
乡愁是一方矮矮的坟墓,
我在外头,
母亲在里头。

而现在,
乡愁是一湾浅浅的海峡,
我在这头,
大陆在那头。

分析与提示:这首诗以时间的变化和推移,对应人生的四个阶段,即"小时候""长大后""后来""现在",同时对应"邮票""船票""坟墓""海峡"。诗虽短,但内涵十分丰富,表达作者"悲歌可以当泣,远望可以当归"的绵长之情。诗中的"一枚""一张""一方""一湾",加深了全诗的音韵之美。"愁"字深深地表达了作者的思乡之情,朗诵时要把这个"愁"字拖住,使情感更加浓烈,随后一个心理停顿,将"愁"进一步延伸。本诗是忧伤的基调,舒缓的节奏。诗的最后两句:"我在这头,大陆在那头。"朗诵时,声音要有"远望"的感觉。

♪ 梅岭三章
陈毅

断头今日意如何?
创业艰难百战多。
此去泉台招旧部,
旌旗十万斩阎罗。

南国烽烟正十年,
此头须向国门悬。
后死诸君多努力,
捷报飞来当纸钱。

投身革命即为家,
血雨腥风应有涯。
取义成仁今日事,
人间遍种自由花。

分析与提示:《梅岭三章》写于第二次国内革命战争时期。作者写这首诗的时候,正处于敌人的重兵包围之中,表现了作者"取义成仁今日事,人间遍种自由花"的视死如归的坚强意志和革命必胜的信心。

朗诵这首诗要以澎湃的激情歌颂老一辈无产阶级革命家的英雄气概。气势要浩大,声音明亮有力。在情和气的结合上,需要情感和气息的迸发和喷涌。请欣赏齐越的朗诵。

致橡树
舒婷

我如果爱你——
绝不像攀援的凌霄花,

借你的高枝炫耀自己；
我如果爱你——
绝不学痴情的鸟儿，
为绿荫重复单调的歌曲；
也不止像泉源，
常年送来清凉的慰藉；
也不止像险峰，
增加你的高度，衬托你的威仪。
甚至日光。
甚至春雨。
不，这些都还不够！
我必须是你近旁的一株木棉，
作为树的形象和你站在一起。
根，紧握在地下，
叶，相触在云里。
每一阵风过
我们都互相致意，
但没有人
听懂我们的言语。
你有你的铜枝铁干，
像刀，像剑，也像戟；
我有我红硕的花朵，
像沉重的叹息，
又像英勇的火炬。
我们分担寒潮、风雷、霹雳；
我们共享雾霭、流岚、虹霓。
仿佛永远分离，
却又终身相依。
这才是伟大的爱情，
坚贞就在这里：

爱——
不仅爱你伟岸的身躯,
也爱你坚持的位置,足下的土地。

分析与提示:《致橡树》运用象征的手法和内心独白的方式,表达了对爱情的追求。诗中的橡树比喻男性的阳刚气质,木棉树比喻女性的柔韧气质,它们都是独立的个体,木棉(女性)要作为树的形象和你(男性)站在一起,表达作者的爱情观。朗读时,要把握好"内心独白"的抒情方式,感情强烈于内,声音舒缓于外,使节奏的变化更加自如。

再别康桥

徐志摩

轻轻的我走了,
　　正如我轻轻的来;
我轻轻的招手,
　　作别西天的云彩。

那河畔的金柳,
　　是夕阳中的新娘;
波光里的艳影,
　　在我的心头荡漾。

软泥上的青荇,
　　油油的在水底招摇;
在康河的柔波里,
　　我甘心做一条水草!

那榆荫下的一潭,
　　不是清泉,是天上虹;
揉碎在浮藻间,
　　沉淀着彩虹似的梦。

寻梦？撑一支长篙，
　　　向青草更青处漫溯；
满载一船星辉，
　　　在星辉斑斓里放歌。

但我不能放歌，
　　　悄悄是别离的笙箫；
夏虫也为我沉默，
　　　沉默是今晚的康桥！

悄悄的我走了，
　　　正如我悄悄的来；
我挥一挥衣袖，
　　　不带走一片云彩。

分析与提示：徐志摩的诗歌具有很强的艺术感染力。诗的语言清新、比喻新奇、想象丰富、意境优美。《再别康桥》表达了诗人对康桥的眷念之情，朗诵时，要把诗人的情感表达出来。在声情的运用上要轻柔，使情感的抒发更绵长、细腻。诗人从开篇到结尾始终"在小心地疏导放流着内心的激情"，深切体会作者"轻轻""悄悄""沉默"背后的那种激情。从"寻梦？……"到"……放歌"要有一种推进的语势并加快节奏。接下来，又进入舒缓的节奏，"但我不能放歌……沉默是今晚的康桥"。诗的最后四句，回环照应到诗的开头。

亲爱的宝贝，妈妈永远爱你（节选）
——献给汶川大地震中的伟大母亲

孩子，你安静地睡吧。
这世界发生了什么，
妈妈不会告诉你。
你来到这个人世才三个月啊，
孩子，妈妈不允许你受到一丝一毫的惊吓和伤害。
孩子，妈妈的背上有一座咆哮之后的大山，
妈妈替你挡住它，

绝不能让它压在你幼小的身体上。
孩子啊,妈妈的力量也很小,
妈妈只能用朝拜的姿势,
用这唯一不变的姿势,渡你到生命的彼岸。
孩子,妈妈只能用一只手抚摸你娇嫩的脸蛋,
我知道自己将不久于人世。
孩子,妈妈只能用这只爱抚过你成百上千遍的手,
为你在手机里留下几行字:
"亲爱的宝贝,如果你还能活下来,你一定要记住:妈妈永远爱你。"

分析与提示: 这是一篇献给汶川大地震中伟大母亲的诗。这首诗以第一人称的叙述展开,文中出现六次"孩子",是在危难中对亲人的呼唤,表达了母亲对孩子的无限爱恋。最后一句,妈妈在手机里留下的这句话是表达的重点。

我的爸爸(节选)
吴言　姜川

……
小时候,
难得见你在家多待一会儿,
你就像一阵风一样。
我奇怪,妈妈怎么永远没有怨言。
而童年的我,总是牵着妈妈的手,
看着你的背影,
行色匆匆。
爸爸,你知道我当时心里有多难受吗?
我觉得,除了我这个女儿之外,
你还有一个孩子。
为了它,你可以舍弃这个家,
它占用了你太多的时间,
耗费了你太多的精力。
这个孩子,

我妒忌它。
它抢走了我亲爱的爸爸。
……
你太忙了，
我知道你的心用在了哪里，
你选择了航空报国的梦想。
这个梦想让你的人生有了
永远不敢懈怠的责任。
就像你曾经说过的那句话，
沈飞的责任就是国家的责任。
作为沈飞的当家人，
你身上的担子也越来越重。
你太累了，
总盼着你有不累的那一天，
我知道，那是你梦想实现的时候，
这个日子就是去年的11月25日。
这一天，你的那个孩子，
沈飞研制的航载飞鲨战机，
成功起降在中国
第一艘航母辽宁舰上，
你毕生的梦想随着歼15战机一起腾空。
那一刻，
我乐了。
我知道，
爸爸就要回来了。
没想到，一个女儿等待爸爸回家，
这样一个简单的愿望，
变得遥遥无期了。
有人说，我有一个英雄的父亲，
一个伟大的父亲。

不,我总想有一个看着女儿
一天天长大、
一天天成熟的慈祥的老爸,
我只想喊一声,爸爸,
爸爸。
……
爸爸,我是你的女儿,
我的血脉里流淌着你的血液。
我要完成你未尽的航空梦,
相信有一天
我的梦想也会插上翅膀,
飞向大海,自由翱翔,
飞向蓝天,接受你赞许的目光。
爸爸,我要说的话都说完了,
现在,我可以哭了吗?
我知道,你不愿意看到眼泪,
可眼泪背后的我,
真的好想你,
真的,
好想你。

分析与提示:沈飞研制的航载飞鲨战机歼15在航母辽宁舰上起降,而研制团队主帅罗阳因劳累过度而牺牲,这首诗是以此为背景创作的。朗诵者以女儿的身份表达对父亲深深的爱,语言朴实、真挚,感人至深。

这首诗在2013年庆祝"五一"国际劳动节文艺晚会上由季冠霖朗诵,并获得极大成功,在场观众都被她的朗诵所感动,产生强烈的共鸣,泪水和掌声交织在一起,让人难以忘怀。

朗读这首诗,要了解罗阳的英雄事迹,怀着对英雄的敬仰之心,赞美英雄的品格和为祖国航空事业献身的精神。

第二节 散 文

家乡的桥

郑莹

家乡的桥是我梦中的桥。

家乡村边有一条河,曲曲弯弯,河中架一弯石桥,弓样的小桥横跨两岸。

每天,不管是鸡鸣晓月、日丽中天,还是月华泻地,小桥都印下串串足迹,洒落串串汗珠。那是乡亲为了追求多棱的希望,兑现美好的遐想。弯弯小桥,不时荡过轻吟低唱,不时露出舒心的笑容。

因而,我稚小的心灵,曾将心声献给小桥:你是一弯银色的新月,给人间普照光辉;你是一把闪亮的镰刀,割刈着欢笑的花果;你是一根晃晃悠悠的扁担,挑起了彩色的明天!哦,小桥走进我的梦中。

我在漂泊他乡的岁月,心中总涌动着故乡的河水,梦中总看到弓样的小桥。当我访南疆探北国,眼帘闯进座座雄伟的长桥时,我的梦变得丰满了,增添了赤橙黄绿青蓝紫。

弯弯的小桥,是我梦中的桥吗?

30多年过去,我戴着满头霜花回到故乡,第一紧要的便是去看望小桥。

啊!小桥呢?小桥躲起来了?河中一道长虹,浴着朝霞熠熠闪光。哦,雄浑的大桥敞开胸怀,汽车的呼啸、摩托的笛音、自行车的丁零,合奏着交响乐;南来的钢筋、花布,北往的柑橙、三鸟,绘出交流欢跃图……满桥豪笑满桥歌啊!蜕变的桥,传递了家乡进步的消息,透露了家乡富裕的声音。时代的春风,美好的追求,我蓦地记起儿时唱给小桥的歌,哦,明艳艳的太阳照耀了,芳香甜蜜的花果捧来了,五彩斑斓的月幕拉开了!

我心中涌动的河水,激荡起甜美的浪花。我仰望一碧蓝天,心底轻声呼喊:家乡的桥呀,我梦中的桥!

分析与提示:这是一篇抒情散文,表达作者对家乡的眷恋之情。抒情强烈,情节细腻动人。这篇散文较适合舒缓的节奏,在"哦,雄浑的大桥敞开胸怀……绘出交流欢跃图"要加快节奏,语调扬起,以表达对家乡巨变的喜悦心情。

愿化泥土(节选)
巴金

最近听到一首歌,我听见人唱了两次:《那就是我》。歌声像湖上的微风吹过我的心上,我的心随着它回到了我的童年,回到了我的家乡。近年来,我非常想念家乡,大概是到了叶落归根的时候吧。有一件事深深地印在我的脑子里,三年半了。我访问巴黎,在一位新认识的朋友家中吃晚饭。朋友是法籍华人,同法国小姐结了婚,家庭生活很幸福。他本人有成就,有名望,也有很高的地位。我们在他家谈得畅快,过得愉快。可是告辞出门,坐在车上,我却摆脱不了这样一种想法:长期住在国外是不幸的事。一直到今天我还是这样想。我也知道这种想法不一定对,甚至不对。但这是我的真实思想。几十年来有一根绳子牢牢地拴住我的心。1927年1月,在上海上船去法国的时候,我在《海行杂记》中写道:"再见吧,我不幸的乡土哟!"1979年4月再访巴黎,住在凯旋门附近一家四星旅馆的四楼,早饭前我静静地坐在窗前扶手椅上,透过白纱窗帷看窗下安静的小巷,在这里我看到的不是巴黎的街景,却是北京的长安街和上海的淮海路,杭州的西湖和广东的乡村,还有成都的街口有双眼井的那条小街……到8点钟有人来敲门,我站起来,我又离开了"亲爱的祖国和人民"。每天早晨都是这样,好像我每天回国一次去寻求养料。这是很自然的事,我仿佛生活在我的同胞中间,在想象中我重见那些景象,我觉得有一种力量在支持我。于是我感到精神充实,心情舒畅,全身暖和。

我经常提到人民,他们是我所熟悉的数不清的平凡而善良的人。我就是在这些人中间成长的。我的正义、公道、平等的观念也是在门房和马房里培养起来的。我从许多被生活亏待了的人那里学到热爱生活、懂得生命的意义。越是不宽裕的人越慷慨,越是富足的人越吝啬。然而人类正是靠这种连续不断的慷慨的贡献而存在、而发展的。

近来我常常怀念六七十年前的往事。成都老公馆里马房和门房的景象,时时在我眼前出现。一盏烟灯,一床破席,讲不完的被损害、受侮辱的生活故事,忘不了的永远不变的结论:"人要忠心。"住在马房里的轿夫向着我这个地主的少爷打开了他的心。老周感慨地说过:"我不光是抬轿子。只要对人有好处,就让大家踏着我走过去。"我躲在这个阴湿的没有马的马房里度过多少个夏日的夜晚和秋天的黄昏。

门房里听差的生活可能比轿夫的好一些,但好得也有限。在他们中间我感到舒畅、自然。后来回想,我接触到通过受苦而净化了的心灵就是从门房和马房里开始的。只有在十年动乱的"文革"期间,我才懂得了通过受苦净化心灵的意义。我的心常常回到门房里爱"清水"恨"浑水"的赵大爷和老文,马房里的轿夫老周和老任的身边。人已经不存在了,房屋也拆干净了。可是过去的发过光的东西,仍然在我心里发光。我看见人们受苦,看见人们怎样通过受苦来消除私心杂念。在"文革"期间,我想得多,回忆得多。有个时期,我也想用受苦来赎罪,努力干活。我只是为了自己,盼望早日得到解放。私心杂念不曾消除,因此心灵没有得到净化。

现在我明白了,受苦是考验,是磨炼,是咬紧牙关挖掉自己心灵上的污点。它不是形式,不是装模作样。主要是严肃地、认真地接受痛苦。"让一切都来吧,我能够忍受。"

我没有想到自己还要经受一次考验,我摔断了左腿,又受到所谓最保守、最保险方法的治疗。考验并未结束,我也没有能好好地过关。在病床上,在噩梦中,我一直为私心杂念所苦恼。以后怎样活下去?我不能回答这个问题。

漫长的不眠之夜仿佛一片茫茫的雾海,我多么想抓住一块木板浮到岸边。忽然我看见了透过浓雾射出来的亮光:那就是我回到了老公馆的马房和门房。我又看到了老周的黄瘦脸和赵大爷的大胡子。我发觉自己是在私心杂念的包围中,无法净化自己的心灵。门房里的瓦油灯和马房里的烟灯救了我,使我的心没有在雾海中沉下去。我终于记起来,那"老师"教我的正是去掉私心和忘掉自己。被生活薄待的人会那样地热爱生活,跟他们比起来,我算得什么呢?我几百万字的著作还不及轿夫老周的四个字"人要忠心"。(有一次他们煮饭做菜,我帮忙烧火,火不旺,他教我"人要忠心,火要空心"。)想到在马房里过的那些黄昏,想到在门房里过的那些夜晚,我仿佛回到了自己的童年。

我多么想再见到我童年时期的脚迹!我多么想回到我出生的故乡,摸一摸我念念不忘的马房的泥土。可是,我像一只给剪掉翅膀的鸟,失去了飞翔的希望。我的脚不能动,我的心不能飞。我的思想……但是我的思想会冲破一切的阻碍，会闯过一切难关，会到我怀念的一切地方，它们会像一股烈火把我的心烧成灰，使我的私心杂念化成灰烬。

我家乡的泥土，我祖国的土地，我永远同你们一起接受阳光雨露，和花树、禾苗一同生长。

我唯一的心愿是化作泥土，留在人们温暖的脚印里。

分析与提示：巴金的《随想录》收录了他晚年的一些作品。"文化大革命"给巴金带来灾难，但他直面自己的人格曾出现的扭曲，用真实的写作填补自己曾一度出现的精神空白，《愿化泥土》就是这一时期的作品。这篇作品表达了作者对家乡的思念和眷恋，对人民的"人要忠心"的朴素思想给予了赞美。播讲者以"我"的口吻转述作者的这段经历和情感。既然是转述，就有一个分寸的把握，要恰到好处，叙述清楚。文中富有哲理的人生感悟，如"越是不宽裕的人越慷慨，越是富足的人越吝啬"，语气要适当加重。文中最后两段，是在悲伤中看到了希望的曙光，坦露作者"愿化泥土"的心愿，表达时内在情感要丰满。请欣赏陈醇的作品。

♪ 谈骨气
吴晗

我们中国人是有骨气的。

战国时代的孟子，有几句很好的话："富贵不能淫，贫贱不能移，威武不能屈，此之谓大丈夫。"意思是说，高官厚禄收买不了，贫穷困苦折磨不了，强暴武力威胁不了，这就是所谓大丈夫。大丈夫的这种种行为，表现出了英雄气概，我们今天就叫作有骨气。

我国经过了奴隶社会、封建社会的漫长时期，每个时代都有很多这样有骨气的人，我们就是这些有骨气的人的子孙，我们是有着优良革命传统的民族。

当然，社会不同，阶级不同，骨气的具体含义也不同。这一点必须认识清楚。但是，就坚定不移地为当时的进步事业服务这一原则来说，我们祖先的许多有骨气的动人事迹，还有它积极的教育意义，是值得我们学习的。

南宋末年，首都临安被元军攻入，丞相文天祥组织武装力量坚决抵抗。失败被俘后，元朝劝他投降，他写了一首诗，其中有两句是："人生自古谁无死，留取丹心照汗青。"意思是，人总是要死的，就看怎样死法，是屈辱而死呢，还是为民族利益而死？他选取了后者，要把这片忠心记录在历史上。文天祥被拘囚在北京一个阴湿的地牢里，受尽了折磨，元朝多次派人劝他，只要投降，便可以做大官，但他坚决拒绝，终于在公元1282年被杀害了。

　　孟子说的几句话，在文天祥身上都表现出来了。他写的有名的《正气歌》，歌颂了古代有骨气的人的英雄气概，并且以自己的生命来抗拒压迫，号召人民继续起来反抗。

　　另一个故事是古代有一个穷人，饿得快死了，有人丢给他一碗饭，说："嗟，来食！"意思是说：喂，来吃！饿人拒绝了"嗟来"的施舍，不吃这碗饭，后来就饿死了。不食嗟来之食这个故事很有名，传说了千百年，也是有积极意义的。那人摆着一副慈善家的面孔，吆喝一声"喂，来吃！"这个味道是不好受的。吃了这碗饭，第二步怎样呢？显然，他不会白白施舍，吃他的饭就要替他办事。那位穷人是有骨气的：看你那副脸孔、那个神气，宁可饿死，也不吃你的饭。

　　不食嗟来之食，表现了中国人民的骨气。

　　还有个例子。民主战士闻一多是在1946年7月15日被国民党枪杀的。在这之前，朋友们得到要暗杀他的消息，劝告他暂时隐蔽，他毫不在乎，照常工作，而且更加努力。明知敌人要杀他，在被害前几分钟还大声疾呼，痛斥国民党特务，指出他们的日子不会很长久了，人民民主一定得到胜利。毛主席在《别了，司徒雷登》一文中指出："许多曾经是自由主义者或民主个人主义者的人们，在美国帝国主义者及其走狗国民党反动派面前站起来了。闻一多拍案而起，横眉怒对国民党的手枪，宁可倒下去，也不愿屈服。"高度赞扬他表现了我们民族的英雄气概。

　　孟子的这些话，虽然是在2000多年以前说的，但直到现在，还有它积极的意义。当然我们无产阶级有自己的英雄气概，有自己的骨气，这就是决不向任何困难低头，压不扁，折不弯，顶得住，吓不倒，为了社会主义、共产主义建设的胜利，我们一定能够克服任何困难，奋勇前进！

　　分析与提示：本文是一篇非常经典的说理散文，观点鲜明，论据典型；叙议结合，论证周密；语言朴实，通俗易懂；前后呼应，结构严谨。本文自然段较多，首先要做好归并和划分工作。第1—3自然段为第一部分，提出观点，为下文展开论述做了必要又充足的准备。第4—9自然段为第二部分，用三个例子充分证明"我们中国人是有骨气的"。第10个自然段总结全文，重申中心论点，表明坚定的信念。播读时，注意论点和论据之间的关系，体现整篇文章的逻辑脉络。请欣赏夏青的作品。

人生是一种境界

胡　昕

我们的第一声啼哭,就暗示了世道的艰难。因此,我们不能不凭借自己的双脚,在这个世界上跑来跑去。

太多的期待,太多的幻想,支撑起我们灵魂的星空,使我们习惯于在毁灭中求生,在绝壁间寻路。

我们必须从从容容。

人生,永远是一枚青涩的果子。

这其实是一种幸运。我们有充足的理由高悬于枝头。在天地之间,在幸福与痛苦之间,展示自己。

一切不要太在意。

纵然卑微如涧边之草,纵然崇高如峰间之松,流水行云,都是匆匆一生。

……摊开的手掌,同时落满了阳光与风雪。我们原本就是凭借鲜花与荆棘,凭借果园与荒漠,把握住生存的根据。

学会走路,学会爱恨,学会在心灵流血的时候,打起精神。

我们必须从从容容。

在失恋的雨季中,牢记住初恋的晴空。

在凄迷孤苦中,怀想远方的朋友。

忧伤时,握手为拳,唤醒窗外那一片属于自己的风景。

人生之无奈,也就在于我们永远不能企及自己梦想中的一切。

既然我们无法抓着自己的头发升上太空,那么,我们倒不如深情地低下头,挥去天边那诱人的彩霞,热恋我们脚下这一方实实在在的土地。

食人间烟火,尝甜酸苦辣,尽喜怒哀乐,历荣辱盛衰,这未必不是一种福。

我们必须从从容容。

在不尽的旅程中,用足音与这个世界交谈;

在风雪的荒凉处,用热血温暖自己;

在沦陷的季节里,举双臂为不倒的旗帜。

这个充满爱与恨的世界,原本是我们无法背叛的家园,每扇洞开的窗口,都有一片我们留恋的温馨。

人生,是一种境界。

我们必须从从容容。

分析与提示:这是一篇富有哲理的抒情散文,"人生,是一种境界",耐人寻味,寓意深刻。用文中的"我们必须从从容容"来调动和控制全篇的感情和节奏。有的句段起落变化可以明显些,给人以节奏感。如"既然我们无法抓着自己的头发升上太空(平稳),那么,我们倒不如觉悟地低下头(舒缓),挥去天边那诱人的彩霞(扬起),热恋我们脚下这一方实实在在的土地(深沉)。"

春
朱自清

盼望着,盼望着,东风来了,春天的脚步近了。

一切都像刚睡醒的样子,欣欣然张开了眼。山朗润起来了,水涨起来了,太阳的脸红起来了。

小草偷偷地从土里钻出来,嫩嫩的,绿绿的。园子里,田野里,瞧去,一大片一大片满是的。坐着,躺着,打两个滚,踢几脚球,赛几趟跑,捉几回迷藏。风轻悄悄的,草软绵绵的。

桃树、杏树、梨树,你不让我,我不让你,都开满了花赶趟儿。红的像火,粉的像霞,白的像雪。花里带着甜味儿,闭了眼,树上仿佛已经满是桃儿、杏儿、梨儿。花下成千成百的蜜蜂嗡嗡地闹着,大小的蝴蝶飞来飞去。野花遍地是:杂样儿,有名字的,没名字的,散在草丛里,像眼睛,像星星,还眨呀眨的。

"吹面不寒杨柳风",不错的,像母亲的手抚摸着你。风里带来些新翻的泥土的气息,混着青草味儿,还有各种花的香,都在微微润湿的空气里酝酿。鸟儿将巢安在繁花嫩叶当中,高兴起来了,呼朋引伴地卖弄清脆的喉咙,唱出婉转的曲子,跟轻风流水应和着。牛背上牧童的短笛这时候也成天嘹亮地响着。

雨是最寻常的,一下就是三两天。可别恼。看,像牛毛,像花针,像细丝,密密地斜织着,人家屋顶上全笼着一层薄烟。树叶儿却绿得发亮,小草儿也青得逼你的眼。傍晚时候,上灯了,一点点黄晕的光,烘托出一片安静而和平的夜。在乡下,小路上,石桥边,有撑起伞慢慢走着的人,地里还有工作的农民,披着蓑戴着笠。他们的房屋,稀稀疏疏的,在雨里静默着。

天上风筝渐渐多了,地上孩子也多了。城里乡下,家家户户,老老小小,也赶趟儿似的,一个个都出来了。舒活舒活筋骨,抖擞抖擞精神,各做各的一份儿事去。"一年之计在于春",刚起头儿,有的是工夫,有的是希望。

春天像刚落地的娃娃,从头到脚都是新的,它生长着。

春天像小姑娘,花枝招展的,笑着,走着。

春天像健壮的青年,有铁一般的胳膊和腰脚,领着我们上前去。

分析与提示:朱自清被誉为白话美文的模范,创造了具有中国民族特色的散文体风格。《春》抒发了作者对春的渴望和对青年人的希望,如,"盼望着,盼望着"开篇,到"领着我们上前去"结尾,把对"春"的祈望和对青年人的希望融为一体,别具意味。朗读者要深刻领会作者的创作意图,语言要鲜活。著名播音艺术家雅坤把这篇散文表达得情真意切,声音如潺潺流水,清澈见底。

第三节 小说片段

立 论

鲁迅

我梦见自己在小学校的讲堂上预备作文,向老师请教立论的方法。

"难!"老师从眼镜圈外斜射出眼光来,看着我,说,

"我告诉你一件事——

一家人家生了一个男孩,全家高兴透顶了。满月的时候,抱出来给客人看,——大概是想得一点好兆头。

一个说:这孩子将来要发财的。他于是得到一番感谢。

一个说:这孩子将来要做官的。他于是收回几句恭维。

一个说:这孩子将来是要死的。他于是得到一顿大家合力的痛打。

说要死的必然,说富贵的许谎。但说谎的得好报,说必然的遭打。你……"

"我愿意既不说谎,也不遭打。那么老师,我得怎么说呢?"

"那么,你得说:啊呀!这孩子呵!您瞧!那么……

阿唷!哈哈!Hehe!he he he he he!"

分析与提示：作者以一个"梦"的形式，用近乎寓言的笔法深刻揭露了当时现实环境中，真理被歪曲、黑白不分的丑恶现象。坚持真理时时碰壁，鼓吹逢迎却成为"时代骄子"。整篇文章语言质朴、凝练，全无华丽之色，但在质朴的文字中蕴含着一种愤愤不平的正气。文中的"斜射"，形象逼真地描绘出一位圆滑世故的先生的神态，文中最后先生的"啊呀！……阿唷！哈哈！"更深刻地反映出虚伪逢迎的伪君子的心态。朗诵时要绘声绘色，用声音和神态的变化刻画人物的内心世界。

一个官员的死（节选）

契诃夫

在一个挺好的傍晚，有一个同样挺好的庶务官，名叫伊万·德密特里奇·切尔维亚科夫，坐在戏院正厅第二排，用望远镜看戏：《哥纳维勒的钟》。他凝神瞧着，觉得幸福极了。可是忽然间……在小说里，常常遇见这个"可是忽然间"。作家是对的，生活里充满多少意外的事啊！可是忽然间，他的脸皱起来，他的眼睛眯缝着，他的呼吸止住了……他从眼睛上拿掉望远镜，弯下腰去，于是……"啊嚏！！！"诸君看得明白，他打喷嚏了。不管是谁，也不管是在什么地方，打喷嚏总归是不犯禁的。乡下人固然打喷嚏，巡官也一样打喷嚏，就连枢密顾问官有时候也要打喷嚏。大家都打喷嚏。切尔维亚科夫一点也不慌，他拿手绢擦了擦脸，而且照有礼貌的人那样，往四下里看一看：他的喷嚏究竟搅扰别人没有。可是这一看不要紧，他却慌起来了。他看见坐在他前面正厅第一排的一个小老头正在拿手套使劲擦自己的秃顶和脖子，嘴里嘟哝着。切尔维亚科夫认出那个小老头是卜里兹查洛夫，在交通部任职的一位文职的将军。

切尔维亚科夫想："我把唾沫星子喷在他身上了！他不是我的上司，是别的部里的，不过那也还是难为情。应当道个歉才对。"

切尔维亚科夫咳了一声，把身子向前探出去，凑近将军的耳根小声说：

"对不起，大人，我把唾沫星子溅在您身上了……我一不小心……"

"不要紧，不要紧……"

"看在上帝面上，原谅我。我本来……我不是故意要这样的！"

"唉，请您坐好吧！让我看戏！"

切尔维亚科夫窘了，傻头傻脑地微笑，开始看戏。他看啊看的，可是不再觉得幸福了。他开始惶惶不安，定不下心来。到了休息时间，他走到卜里兹查洛夫跟前，在他身旁走了一会儿，压下自己的胆怯，喃喃地说：

"我把唾沫星子喷在您身上了，大人……请您原谅……我本来……出于无意……"

"唉，够啦……我已经忘了，您却说个没完！"将军说着，不耐烦地撇了撇他的下嘴唇。

切尔维亚科夫怀疑地瞧着将军，暗想："已经忘了？可是他的眼睛里有一道凶光啊！而且他不愿意说话。我应当对他解释一下，说明我完全无意……说明打喷嚏是自然的法则，要不然他就会认为我有意唾他了。现在他固然没这么想，以后他一定会这么想……"

一回到家，切尔维亚科夫就把自己的失态告诉他妻子。

他觉得，他妻子对这件事全不在意。妻子先是有点惊吓，可是等到听明白卜里兹查洛夫是在"别的"部里任职以后，就放心了。

妻子说："不过呢，你也还是去赔个不是的好。要不然他就会认为您在大庭广众中举动不得体了。"

"说的就是啊！我已经赔过不是了，可是不知怎么，他那样子挺古怪，一句好话也没说。不过那会儿啊，也没工夫说话。"

第二天，切尔维亚科夫穿上新制服，理了发，上卜里兹查洛夫家里去解释……他一走进将军的接待室，就看见那儿有很多来请托事情的人，将军本人夹在他们当中，正在接受他们的请求。将军问过好几个请托事情的人以后，抬起眼睛来看着切尔维亚科夫。

这位庶务官开口讲起来："要是您记得的话，大人，昨天在阿尔卡琪娅，我打了个喷嚏……不小心喷了您……请原……"

"真是胡闹……上帝才知道这是怎么回事！"将军对其中一个请托事情的人说，"您有什么事要我效劳吗？"

"他不肯说话！"切尔维亚科夫暗想，脸色惨白了，"这是说，他生气了……不行，不能照这样了事……我要跟他说明白才行……"

等到将军跟最后一个请托事情的人谈完话，正要走进内室去，切尔维亚科夫就走过去跟在他后面，喃喃地说：

"大人！要是我斗胆搅扰大人，那只是出于一种可以说是悔恨的感觉！……那不是故意做出来的，请您务必相信才好！"

将军做出一副哭丧相，摆了摆手。

"哎呀，您简直是跟我开玩笑，先生，"他说完，就走进去关上他身后的门。

"这怎么会是开玩笑？"切尔维亚科夫想，"根本就没开玩笑的意思呀！他是将军，可是他竟不懂。既是这样，我也不愿意再对这个摆架子的人赔不是了！去他的！我给他写信好了，我再也不来了。皇天在上，我说什么也不来了。"

切尔维亚科夫这么想着，走回家去。给将军的信，他却没写成。他想了又想，怎么也想不出来这封信该怎么写才好。他只好第二天再亲自去解释。

"昨天我来打搅大人，"等到将军抬起询问的眼睛望着他，他就喃喃地说，"可不是照您所说的那样是为了开玩笑，我原是来赔罪的，因为我在打喷嚏的时候喷了您一身唾沫星子……我从没想到要开玩笑。我哪儿敢开玩笑啊？要是我们沾染了开玩笑的习气，那可就会……失去对别人的尊敬了……"

"滚出去！！"将军忽然大叫一声，脸色发青，周身打抖。

"什么？"切尔维亚科夫低声问道，吓得呆若木鸡。

"滚出去！！"将军顿着脚又喊了一声。

切尔维亚科夫的肚子里好像有个什么东西掉下去了。他什么也看不见，什么也听不见，退到门口，走出去。到了街上，一路磨磨蹭蹭地走着……他信步走到家里，没有脱掉制服，往长沙发上一躺，就此……死了。

（1883年）

分析与提示：小说体裁的文学作品是通过人物、环境和故事情节反映社会生活，通常以描写、叙述为主，也可抒情和议论。

《一个官员的死》是俄国19世纪末期批判现实主义艺术大师契诃夫的名著。契诃夫小说的特点是运用幽默、讽刺的手法，塑造形形色色的人物形象，揭露沙皇的反动、黑暗和那个时代人的各种心态。

《一个官员的死》描写的是一位小庶务官切尔维亚科夫对长官将军的奴颜媚骨的嘴脸。他因为看戏时打了个"喷嚏"，就没完没了地向将军道歉，表现出一种神经质的病态。作者把这位小庶务官的心态描写得淋漓尽致。在我们现实生活中，也能找到这位小庶务官的"影子"，这篇作品的现实意义也在这里。

朗读此作品以播讲式为主，同时，适当采用演播式的声音造型和语言修辞手段,对人物语言给予适当的渲染和夸张,使人物形象活灵活现,生动、逼真地表现出这位小庶务官谄媚、虚伪的性格特征。而将军的性格是耿直的,有不可侵犯的尊严。小庶务官和将军的性格形成了鲜明的对照。在表达时,采用声音弹性对比的手法,把小庶务官的声音处理得暗淡和拖沓,是抑的节奏。而将军的声音坚实而刚劲。要对比强烈、控纵自如。

请欣赏关山播讲的这部作品,将两个人物的性格刻画得惟妙惟肖,语言表达十分洒脱。

玉娇龙(节选)

就在这瞬间,玉娇龙从罗小虎的脸上,忽然看到一双带着嘲弄神色的眼睛,这使她感到是那么熟悉,又那么厌恶。她记不起在哪儿见过来的。这笑声、这嘲弄的眼神,激起她一阵难忍的恼怒。她愤愤地说:"你在西疆横行这些年,劫商队、杀官兵,目无王法,今天既被我追上,你也是恶贯满盈了。"

"你要怎样?"

"和你一决胜负。"

"呵,比武!我才不和娘们儿比武哩!"

玉娇龙气极了:"你畏惧了?认输了!"

罗小虎又是几声大笑,站了起来,两手叉腰,走在距玉娇龙六七步远的地方站定,又把她从头到脚打量一番,认真地说:"这不比绣花逗线,是要伤人的。"

"这也不比在马上,逃不了的。"

马贼们七嘴八舌地吼叫起来:"大哥,比就比。"

"把这只山鸡的毛拔了。"

"让她来凑凑酒兴也好。"

罗小虎向众人挥了挥手,又对玉娇龙说:"你真的要比?"

"要比!"

"你要输了呢?"

"我要是比赢了呢?"

"你要是赢了我,你要什么我都依。"

玉娇龙说:"你如果输了,就立即散伙下山,永不再做马贼。"

"散伙办不到,我和你比武,与弟兄们无关,好汉做事好汉当,我如输给你,就随你投到军营,任杀任剐!"

"好,一言为定。"她说完忙将剑一拽,"来吧!"

罗小虎说:"要是你输了呢?"

罗小虎紧紧地瞅她,眼里含着打趣的意味,玉娇龙不知怎的,心里忽然感到一阵慌乱,想起话本上写的一些"比武招亲"的事来。脸上不禁泛起一阵红晕。她紧紧咬着唇,在等他说出那句不堪入耳的"压寨夫人"的话来。她心紧张地等着,罗小虎的话终于说出来了:"你要输了,我只要你当众承认马贼是好人。"这真使玉娇龙感到意外,她一下抬起头来,重新看了看站在面前的这位贼魁。她虽仍保持着一副凛然不可犯的神态,但心里已不再那么气愤了。

罗小虎仍站在那里等她回话。她一时不知如何回答好,只说:"不管,反正你输定了,马贼也绝不是良民!"

罗小虎宽容地笑了笑,回头吩咐:"弟兄们,点火把来。"跟着就有十来个马贼跑进那边树林去了。

分析与提示:用声音塑造作品中的人物,是广播小说常用的表现手法,用不同音色区别作品中的不同人物是创作难点。特别是人物对话,要根据人物的身份、性格、年龄、性别和语言环境的不同进行设计,使人物语言活灵活现地呈现在听众面前。

第四节 寓 言

猴王吃瓜

猴王找到了一个大西瓜,可是它不知道西瓜的吃法,想请教别人,又不好意思。于是,猴王想出一条妙计。

猴王把猴子们都召集到一起,猴王说:"今天,我想考一考你们大家,谁能说出西瓜的吃法,它就可以得到双份。"一个短尾巴猴抢着回答说:"我知道。西瓜是吃瓤的!"一个长尾巴猴说:"不对!我在姑妈家吃过香瓜,香瓜是吃皮的,西瓜也是瓜,就一定是吃皮的。"猴王觉得长尾巴猴说得有道理,于是说道:"大家都安静,不要争了,西瓜是吃皮的,我生来最讨厌不懂装懂的。现在,大家分吃西瓜皮,把西瓜瓤都给短尾巴猴吃。"于是,大家分吃西瓜皮。

一个小猴子吃一口西瓜皮,问长尾巴猴,说:"哎!这西瓜皮也不好吃呀!"长尾巴猴吃着西瓜皮得意地说:"你不知道,西瓜就是这个味儿。"

分析与提示:《猴王吃瓜》讲的是不懂装懂的老猴王分瓜的故事。故事中出现了四个"人物",它们分别是猴王、长尾巴猴、短尾巴猴和小猴子。从性格上看,猴王狡猾,短尾巴猴耍小聪明,长尾巴猴凭经验办事,小猴子比较实事求是,有话直说。朗读者要把它们的性格特点表现出来,并在声音上加以区别和修饰。比如,猴王声音低沉,语速慢;短尾巴猴快言快语,语速较快;长尾巴猴用慢悠悠的语调;小猴子是稚嫩的声音和表情。可适当增加动作语言,夸张地表现出来。

陶罐和铁罐

国王的御厨里有两只罐子,一只是陶的,一只是铁的。骄傲的铁罐看不起陶罐,常常奚落它。

"你敢碰我吗?陶罐子!"铁罐傲慢地问。

"不敢!铁罐兄弟。"谦虚的陶罐回答。

"我就知道你不敢,懦弱的东西!"铁罐带着更加轻蔑的神气说。

"我确实不敢碰你,但并不是懦弱。"陶罐争辩说,"我们生来就是给人们盛东西的,并不是来互相碰撞的。说到盛东西,我不见得比你差。再说……"

"住嘴!"铁罐恼怒了,"你怎么敢和我相提并论!你等着吧,要不了几天,你就会破成碎片,我却永远在这里,什么也不怕。"

"何必这样说呢?"陶罐说,"我们还是和睦相处吧,有什么可吵的呢!"

"和你在一起,我感到羞耻,你算什么东西!"铁罐说,"我们走着瞧吧,总有一天,我要把你碰成碎片!"

陶罐不再理会铁罐。

时间在流逝,世界上发生了许多事情,王朝覆灭了,宫殿倒塌了。两只罐子遗落在荒凉的场地上,上面覆盖了厚厚的渣滓和尘土。

许多年代过去了,有一天人们来到这里,掘开厚厚的堆积物,发现了那只陶罐。

"呦,这里头有一只罐子!"一个人惊讶地说。

"真的,一只陶罐!"其他的人都高兴地叫起来。

捧起陶罐,倒掉里面的泥土,擦洗干净,和它当年在御厨的时候一样光洁、朴素、美观。

"多美的陶罐!"一个人说,"小心点,千万别把它碰坏了,这是古代的东西,很有价值的。"

"谢谢你们!"陶罐兴奋地说,"我的兄弟铁罐就在我旁边,请你们把它掘出来吧,它一定闷得够受了。"

人们立即动手,翻来覆去,把土都掘遍了。但是,连铁罐的影子都没见到。它,不知道在什么年代完全氧化,早已无踪无影了。

分析与提示:这则寓言中,注意塑造陶罐和铁罐不同的性格特点,陶罐谦虚友好,铁罐傲慢无礼,可以用不同的声音位置和语气态度加以塑造。

天鹅羽毛
王 旭

雪白的天鹅从蓝天里飞过,一根天鹅的羽毛对这迢迢千里的飞行感到十分厌倦。它想,众多的羽毛紧紧地挤在一起,多么难受,我应该无拘无束地自己飞翔,于是,它毅然地离开了天鹅,自由自在地飘呵,飘呵……

它终于落下来了。可巧,落在一群野鸭子身旁,野鸭子们用好奇的目光打量着它。

"不认识我吧,我是天鹅羽毛。"

野鸭们欢呼起来。"看哪,天鹅羽毛多么漂亮,多么洁白呀!"

这下子,天鹅羽毛更神气了,它对野鸭们说:"你们的羽毛怎么那种颜色,往后往后,不要靠近我,不要把我这洁白的身体弄脏了。"

本来想上前来欢迎它的野鸭们只好向后退着,一只野鸭试探着问道:"高贵的天鹅羽毛,你一定飞过许多地方吧?"

"哈……那还用问。我曾飞过三山五岳,飞得老高老高,那可是你们野鸭们连想也不敢想的呀,哈……"

一只小鸭勇敢地说:"尊敬的天鹅羽毛,你现在还能飞得很高吗?如果你现在还能飞的话,就请到我们家里去做客吧!"

天鹅羽毛十分气愤,心想:"哼,小小的野鸭子,竟敢嘲笑我,我飞一个给你们看看。"

但是,无论它怎样拼命地挣扎,却一动也不能动了。野鸭们看着这根高贵然而又十分可怜的天鹅羽毛,哈哈笑着飞上了蓝天。

分析与提示:这则寓言运用了拟人的手法,告诫人们不能像那根骄傲的羽毛,个人的力量再大,离开了强大的团队,可能会一事无成。天鹅羽毛的对话,可采用自如声区偏高的声音,表现出羽毛高傲的神态。野鸭的对话,可用和蔼、亲切、平和的语调。

人生的秘诀

30年前,一个年轻人离开故乡,开始创造自己的前途。他动身的第一站,是去拜访本族的族长,请求指点。老族长正在练字,他听说本族有位后辈开始踏上人生的旅途,就写了三个字:不要怕。然后抬起头来望着年轻人说:"孩子,人生的秘诀只有6个字,今天先告诉你三个字,供你半生受用。"

30年后,这个从前的年轻人已是中年,有了一些成就,也添了很多伤心事。归程漫漫,到了家乡,他又去拜访那位族长。他到了族长家里,才知道老人家几年前已经去世,家人取出一个密封的信封对他说:"这是族长生前留给你的,他说有一天你会再来。"还乡的游子这才想起来,30年前他在这里听到人生的一半秘诀,拆开信封,里面赫然又是三个大字:不要悔。

人生的秘诀:中年以前不要怕,中年以后不要悔。

分析与提示:这则寓言的重点是人生的秘诀:不要怕,不要悔。叙述性的语言作为铺垫,表达时不必渲染。族长阅历丰富,足智多谋,在他的语言中表现出来。

好强的公鸡

狐狸早就想吃公鸡肉了。看着那肥胖健硕的公鸡,恨不得立刻上前咬一口。可是它忍住了,黑狗不离公鸡左右,黑狗那对锐利的犬牙可惹不起。

于是,狐狸想出了一个主意。

"大家都看见了,那公鸡胆小得可怜。"狐狸逢人便嘲讽公鸡:"别看它个儿大，嗓门高，威风凛凛，实际上毫无骨气——它离不开黑狗，如果没有黑狗的保护，它一天也活不下去，真是无用的窝囊废……"

冷言冷语传到公鸡的耳朵，公鸡一蹦三尺高，它觉得自尊心受到了伤害。

"什么？我胆小，要黑狗保护？"公鸡气得脸色发紫，它大嚷大叫："我怕过谁来着，你们没见我格斗时气势？哼，我再也不跟黑狗住在一起了，你们都看看我能不能活下去。"

公鸡决定搬家了。黑狗苦口婆心一再劝阻，并告诫可能有人包藏祸心，要防止出意外。可公鸡半句话也听不进去，甚至觉得自己让人议论，都是因为黑狗。于是，它不再理会黑狗，把家搬到偏僻的地方，发誓从此不再和黑狗为邻。

这正是狐狸求之不得的。就在公鸡搬家的当天晚上，狐狸登门造访。我们实在无法领略公鸡当时的英雄气概，只是第二天黎明时分再也听不到公鸡的啼鸣声。天亮了，在公鸡新居前除了些杂乱的鸡毛和骨头，什么也没有了。

虚荣心会使人失去理智，一旦被敌人利用，后果不堪设想。

分析与提示：公鸡因为虚荣心，误会了黑狗，中了狐狸的诡计。对话的处理上，表现出狐狸的阴险狡诈，公鸡的自不量力。"于是，狐狸想出了一个主意。"这个"主意"后可做较长停顿，意味深长，引出下文。

第五节 笑 话

脸就是面

一位顾客到面馆吃饭，老板听完一个歌手的演唱，咂咂嘴说："唔，歌唱得不错，脸部表情也好！"一个顾客马上纠正道："应该说面部表情。"老板不耐烦了，说："脸就是面，面也是脸。"顾客紧跟一句："老板，给我来碗肉丝脸！""啊！"

普京理发

普京在莫斯科一家理发店理发，理发师提出车臣战争的问题，普京越答越生气，终于忍无可忍，怒斥道："为什么你总是问有关车臣的问题，难道你不害怕吗？你有毛病吗？"理发师回答说："没事！没事！只是我一提车臣这个字眼，您的头发根根都竖了起来，方便我修剪。"

老外吃粽子

公司给外籍员工发粽子，有个老外感激地说："你们发的点心很好吃，谢谢！就是外面的菜有点硬。"

老鼠学狗叫

一只母老鼠带着一群小老鼠散步，突然遇见一只猫，小老鼠吓得慌作一团。母老鼠不慌不忙地学了几声狗叫，吓跑了猫。于是，母老鼠对小老鼠说："看见了吧，孩子们，掌握一门外语多么重要。"

身不由己

美国总统林肯是一位颇具幽默感的人。一次，一位老太太对林肯说："你是我见过的最丑的一个人。"林肯听后却只是笑着抱歉道："请多包涵！我也是身不由己。"

踏浪与踏青

有一个城里的年轻人到乡下去游玩，可一不小心踏坏了农田里的庄稼，乡下人很生气，说："你为什么踩坏我的庄稼。"城里的年轻人轻蔑地说："乡巴佬，这都不懂，这叫踏青。"乡下人二话没说，抬起城里年轻人就扔到河里。年轻人生气地说："你们凭什么把我扔到河里。"乡下人平静地说："城里人也没文化，这叫踏浪。"

聪明的三毛

一位贵妇人牵着她的哈巴狗，碰见一贫如洗的三毛。那贵妇人对三毛说："只要对着我的哈巴狗连叫三声'爸爸'，我就给你三十块大洋。"无疑这是对三毛人格的极大侮辱。聪明的三毛很快就想出了一条妙计，他真的对着狗叫了三声"爸爸"。贵妇人在众目睽睽之下，只好把三十块大洋给了三毛。三毛接过钱，对着贵妇人连说："谢谢你，妈妈。"

桥与粮

有个财主少爷出外游玩,见一年轻貌美的村妇在木桥边淘米,便生歹意。于是凑到跟前嬉皮笑脸地说:"有木便是桥,无木也念乔,去木添个女,添女便为娇,阿娇休避我,我最爱阿娇。"说完,眼睛直勾勾地盯着村妇。

村妇听了他下流的言辞,看着他那摇头晃脑的丑态非常生气,回敬他说:"有米便为粮,无米也念良,去米添个女,添女便为娘,老娘虽有子,子不敬老娘。"

少爷受到村妇的回击,灰溜溜地转身便走。

鸡腿

一位顾客生气地冲着一个忙忙碌碌的饭店服务员嚷道:"这是怎么回事?难道你没看见这只鸡的一条腿比另一条短一截吗?"

"那有什么?"服务员答道,"你到底要吃它还是要和它跳舞?"

五十年的秘密

在庆祝金婚的晚宴上,76岁的老约翰和71岁的乔伊娜举杯对饮,五十年的婚姻,往事历历,令老两口感慨不已。

乔伊娜深情地望着丈夫,拿起餐桌上的长面包,说:"亲爱的,我今天要告诉你一个秘密。还记得吗?从咱们结婚那天开始,我就把这面包烤煳的这一头留给我自己吃。我还对你说,我爱吃烤煳的。其实,我是心疼你,我真爱吃的是烤得不煳的那一头。"说着,那五十年的委屈已化作泪水满面流淌了。

老约翰感动得泪如泉涌,一把抓住妻子的手哽咽地说:"乔伊娜,我也告诉你一个秘密吧。我一直对你说,我喜欢吃不煳的那一面。其实,我是让着你,你不知道,我真爱吃的正是烤煳的那一头。"

乔伊娜听罢,差点晕过去:"天啊,你怎么不早说呀?"

老夫妻抱头痛哭,为了这隐忍了五十年的秘密。

分析与提示:讲好笑话并非易事,一个笑话的构成通常有三步:构建情境——积累情绪——引爆笑点。讲笑话时,在构建情境的阶段,语速放慢,让听众有时间去想象和思考,在大脑中构建情境。引爆笑点前,做好情绪的铺垫。笑点的表述要清晰从容。做好了前期的铺垫,笑点脱口而出时,就能引爆笑点。

第十三章　影视配音

第一节　人物对白

雷雨(片段)

解说：曹禺是我国著名的现代剧作家,1932 年写出了他的处女作《雷雨》,震撼了当时的戏剧界。后来,又写出了《日出》《蜕变》《北京人》《原野》《王昭君》等,受到了中外读者的欢迎,跨入了世界文学大师的行列。

　　《雷雨》是一部暴露封建家庭罪恶的悲剧。地主兼官僚资本家周朴园,三十年前还是个大少爷的时候,诱骗了侍女侍萍,生下两个儿子。后来,为娶有门第的小姐,把产后只有三天的侍萍撵出了门,逼得她抱着小儿子跳了河。就在周朴园认为最圆满、最有秩序的家庭里,长子周萍和后母蘩漪发生了暧昧关系。蘩漪是个反对封建家长制,要求个性自由民主的女性,希望在周萍身上找到出路。而周萍却像他父亲一样虚伪、自私,还引诱侍女鲁四凤。蘩漪不甘忍受周家父子两代人的欺辱,让当年的侍萍、如今的鲁妈把女儿四凤领回。就在这个雷雨交加的夜晚,周鲁两家母子兄妹之间的乱伦关系和隐情全部暴露了。

（雷声）

鲁妈：凤，我们这一去，我要你以后永远不见周家的人。

四凤：好。

鲁妈：不，孩子，你要起誓。

四凤：妈，何必呢！

鲁妈：你，你还要伤妈的心。

四凤：妈——妈，我说，我说。

鲁妈：好，你就这样跪着说。

四凤：好，我答应你，以后永远不见周家的人。

旁白：要四凤一辈子不见周家的人，这在她当然是为难的、做不到的，但为了让妈放心，她只能违心地答应了。

鲁妈：你要是忘了妈的话，见了周家的人呢？孩子，你要起誓，你要是忘了妈的话……

四凤：那……那就让天上的雷劈了我。（雷声）妈，我怕。

旁白：炸雷之后是瓢泼的大雨。由于雷雨，暑热是消除了些许，可是暴风雨中被刮坏的电线已经电死了周家的看门狗——保比。这样的雷雨天气谁知道还会出什么事呢？

（敲窗声）

周萍：凤，你开开窗子，凤。

四凤：哥哥在家呢。

周萍：凤——

四凤：你走吧。

周萍：我没你不成。

四凤：别……

周萍：开开。

四凤：唉……

周萍：凤，你让我亲一亲，我求求你。

四凤：大少爷，你饶了我吧。

周萍：凤，别怪我，我不知道大海是你哥哥。

四凤：我不怪你，你走吧，快走吧。你别再缠我好不好？要不，明天……

周萍：明天？真的？

四凤：真的，我从来没有骗过你。

周萍：好吧，明天。

旁白：四凤想见周萍，可又不想见，她骗他明天再找她。可一想到明天妈就要把自己带走了，她哭了。

四凤：(哭声)

旁白：四凤哭着把窗子打开，想再望一眼周萍远去的背影。谁知道周萍并没有走。

四凤：(哭着)你？

周萍：别挤，你让开。

四凤：噢，你又喝醉了。

周萍：噢，没，没有。过来，过来。

四凤：萍，我求求你，你走吧。

周萍：别怕，我要好好看看你。

四凤：噢，不。(雷声)放开我，我怕。

大海：四凤，四凤，四凤，(敲门声)四凤——

四凤：哥哥回来了，你快走，你快走哇，快走哇！

大海：四凤，把门开开，四凤——

四凤：哎哟。

周萍：怎么？

大海：四凤——

四凤：你快走，快走，快走。

旁白：奇怪，刚刚从窗子进来，现在窗户却怎么也打不开了。

四凤：你快走，快走，快走。

旁白：门被砸开了，大海冲了进来。

大海：怎么，你？妈——，我见了鬼了。你，你给我放开。(厮打声)

四凤：哥哥，哥哥。

大海：你这不要脸的东西！

鲁妈：你们干什么？

大海：起来，你！

周萍:我——

大海:妈妈,你放开我,放开我。

鲁妈:你这个糊涂东西,还不快跑。

大海:你放开我!

旁白:鲁妈再也不怀疑了,四凤和周家少爷之间就是有事儿。女儿在瞒,而这正是她最担心、最怕的。

分析与提示:这是广播剧《雷雨》的片段,其中有大量旁白。旁白的表述较客观冷静。人物对白要注意塑造人物的形象。这个片段主要是四凤和周萍的对白,表现出四凤的犹豫和周萍的虚伪。

简·爱(片段)

罗切斯特(以下简称"罗"):哎,该怎么办,简?有这样一个例子。有个年轻人,他从小就被宠爱坏了。他犯下个极大的错误。不是罪恶,是错误。它的后果是可怕的。唯一的逃避是逍遥在外,寻欢作乐。后来,他遇见个女人,一个二十年里他从没见过的高尚女人,他重新找到了生活的机会,可是世故人情阻碍了他。那个女人能无视这些吗?

1:07:24 至 1:11:06

简:你在说自己,罗切斯特先生?

罗:是的。

简:每个人以自己的行为向上帝负责,不能要求别人承担自己的命运,更不能要求英格拉姆小姐。

罗:哼!你不觉得我娶了她,她可以使我获得完全的新生?

简:既然你问我,我想不会。

罗:你不喜欢她?说实话!

简:我想,她对你不合适。

罗:啊哈,那么自信?那么谁合适?你有没有什么人可以推荐?哼!嗨,你在这儿已经住惯了?

简:我在这儿很快活。

罗:你舍得离开这儿吗?

简:离开这儿?

罗:结婚以后我不住这儿了。

简:当然。阿黛尔可以上学,我可以另找个事儿。我要进去了!我冷!

罗:简!

简:让我走吧!

罗:等等!

简:让我走!

罗:简!

简:你为什么要跟我讲这些!她跟你与我无关。你以为我穷,不好看,就没有感情吗?我也会的,如果上帝赋予我财富和美貌,我一定要使你难于离开我,就像现在我难于离开你!上帝没有这样。我们的精神是同等的,就如同你跟我经过坟墓,将同样地站在上帝面前!

罗:简!

简:让我走吧!

罗:我爱你,我爱你!

简:不!别拿我取笑了!

罗:取笑?我要你!布兰奇有什么,我对她,不过是她父亲用以开垦土地的本钱。嫁给我,简!说你嫁我!

简:是真的?

罗:嗨,你呀!你的怀疑折磨着我!答应吧,答应吧!上帝饶恕我,别让任何人干扰我。她是我的,我的!

分析与提示:简是一个心地纯洁、善于思考的女性。她生活在社会底层,受尽磨难,但她性格倔强,不屈不挠。她认为爱情应该建立在精神平等的基础上,而不应取决于社会地位、财富和外貌,只有男女双方彼此真正相爱,才能得到真正的幸福。在配音时,简的声音应该是理性的、坚定的。罗切斯特内心善良正直,敢于追求幸福,经历了以金钱为基础的不幸婚姻,厌恶上层社会的冷酷虚伪,性格忧郁、桀骜不驯,叛逆却又粗暴。配音时,罗切斯特的声音外形是不羁的、忧郁的,但因为他对爱情的表达和追求是热切的、真挚的,配音的声音又要充满张力,彰显内心巨大的情感力量。

王子复仇记(片段)

波洛涅斯：他就要来了,要好好训训他。对他说他闹得太无法无天,幸亏娘娘居中替他挡开了上面的雷霆。我就在这儿静听。要对他狠一些。

哈姆雷特（以下简称"哈"）：母亲？母亲？母亲？

王后（以下简称"后"）：一定照办,放心,躲开,我听见他来了。

哈：母亲,有什么事情？

后：哈姆雷特,你把你父亲大大地得罪了。

哈：母亲,你把我父亲大大地得罪了。

后：好了,好了,你的回答真是瞎扯。

哈：得了得了,你的问话别有居心。

后：怎么了,哈姆雷特？

哈：什么又怎么了？

后：你忘了是我？

哈：我没有忘,没有！你是皇后,你丈夫弟弟的妻子。我真但愿你不是我的母亲。

后：好,我去叫会说话的跟你说。

哈：来来,你坐下来,你不许动。我要在你面前竖一面镜子,叫你看一看你的内心的最深处。

后：你要干什么？是不是要杀我？救命！救命！

波洛涅斯：救命,救命。

哈：什么？耗子,死吧,我叫你死。

后：啊！

哈：死吧。

后：你干了什么了？

哈：不,我不知道。那是国王！

后：哦。好一桩鲁莽而血腥的行为。

哈：血腥的行为？好母亲,这跟杀死一位国王再嫁给他的兄弟一样狠了！

后：杀死国王？

哈：对,母亲,正是这句话。你这个多管闲事的傻瓜！再见吧,我还当是你的主子呢！认倒霉吧,你现在知道多管闲事多危险了？别老拧着你的手,你坐下来,让我拧拧你的心,我一定拧,只要你的心不是石头做成的。

后：我到底做了什么事,你敢这么粗声粗气地对我？

哈：你干的好事啊,你玷污了贤惠的美德,把贞操变成伪善,从真诚的爱情的容颜上夺去了玫瑰色的光彩,划上道伤痕,把婚约都变成了赌鬼的誓言。

后：到底什么事？

哈：请你看看这幅画像,你再看这一幅。这就是他们兄弟俩的画像。这一副面貌是多么的风采啊,一对叱咤风云的眼睛,那体态活像一位英勇的神灵刚刚落到摩天山顶,这副十全十美的仪表仿佛天神特为选出来向全世界公推这样一位完人——这就是你的丈夫。你再看这一个——你现在的丈夫,像颗烂谷子,就会危害他的同胞！你看看这绝不是爱情啊。像你这样岁数,情欲该不是太旺,该驯服了,该理智了,而什么样的理智会叫你这么挑的,是什么魔鬼迷了你的心呢？羞耻啊,你不感到羞耻吗？如果半老女人还要思春,那少女何必再讲贞操呢？

后：哦,哈姆雷特,别说了,你使我看清我自己的灵魂,看见里面许多黑点,洗都洗不干净。

哈：嘿,在床上淋漓的臭汗里过日子,整个儿糜烂呐！守着肮脏的猪圈无休止地淫乱！

后：哦,哈姆雷特,别再说了,这些话就像一把把尖刀,别说了,好哈姆雷特。

哈：一个凶犯,一个恶棍——奴才,不及你先夫万分之一的奴才,一个窃国盗位的扒手,从衣服架子上偷下了王冠装进了他自己的腰包。

后：别说了。

哈：一个耍无赖的——国王！

分析与提示：《王子复仇记》突显了莎士比亚戏剧思想的深刻。剧中对白和独白都是诗一样的语言,华美、绚丽,富有激情,对展示人物内心世界和人物性格,揭示矛盾冲突,推动情节发展起着重要作用。在表达时要注意情绪的饱满和贯穿,重音的选择要准确鲜明。这段训练内容对于吐字、气息等基本功的要求较高,练习时要注意一气呵成,可适当模仿原片,体会流畅自如的有声语言的意蕴之美。

甄嬛传(第 72 集片段)

皇上:已经到了这地步,你可认罪吗?

皇后:皇上既然已经相信,何必再来问臣妾呢?

皇上:若非等你亲口认罪,你以为朕还愿意再见到你这张脸?

05:57 至 12:20

皇后:臣妾已经年老色衰了,皇上自然会嫌恶。臣妾只是想,若姐姐还在,皇上是否还真心喜爱她逐渐老去的容颜?臣妾真是后悔啊,应该让皇上见到姐姐如今与臣妾一样衰败的容貌,皇上或许就不会这么恨臣妾了。

皇上:心慈则貌美,纯元纵然年华老去,也一定会胜过你万千。

皇后:这对玉镯还是臣妾入府的时候,皇上亲自为臣妾戴上的,愿如此环,朝夕相见,可如今皇上以为臣妾犯错,大约不愿意再见臣妾了吧?当年,皇上同样执着此环,同臣妾说,若生下皇子,福晋便是臣妾的,可臣妾生下皇子时,皇上已经娶了姐姐为福晋,连臣妾的孩子,也要被迫成为庶子,和臣妾一样,永远摆脱不了庶出的身份。

皇上:你知道朕并不在意嫡庶,皇额娘也不在意,皇额娘是庶出,朕也是庶出。

皇后:皇上你可曾知道,庶出的女子有多痛苦啊,嫡庶尊卑分明,臣妾与臣妾的额娘很少受到重视,你何曾明白啊!

皇上:朕明白,正因为朕明白,所以才在你入府以后厚待于你,即便朕立了纯元为唯一的福晋,你也是仅次于她的侧福晋,可是你永不知足。

皇后:本该属于臣妾的福晋之位,被他人一朝夺去,本该属于臣妾儿子的太子之位,也要另属他人,臣妾夫君所有的宠爱都给了她。臣妾很想知足,可是臣妾做不到啊。

皇上:纯元是你的亲姐姐,要你入府,是朕错了。

皇后:皇上错在不是迎臣妾入府,是不该迎姐姐入府,专宠姐姐。既生瑜,何生亮啊!皇上何等睿智,怎么到了自己身上,就这样不明白?

皇上:是朕太看重你们的姐妹之情了,你就不怕报应,午夜梦回的时候,你就不怕纯元和孩子来向你追魂索命?

皇后：她要来索命尽管来索啊！免得臣妾长夜漫漫，总梦见我的孩子向我啼哭不已。孩子夭亡的时候，姐姐有了身孕，皇上你只顾着姐姐有孕之喜，何曾还记得臣妾与你的孩子啊！他还不满三岁，高烧烧得浑身滚烫，不治而死啊！臣妾抱着他的尸身，在雨中走了一晚上，想走到阎罗殿求满殿神佛，要索命就索我的命，别索我儿子的命啊！而姐姐这时竟然有了孩子，不是她的儿子索了我儿子的命吗？我怎能容忍她的儿子坐上太子之位呢？

皇上：你疯了，是朕执意要娶纯元，是朕执意要立她为福晋，是朕与她有了孩子，你为什么不恨朕？

皇后：皇上以为臣妾不想吗？臣妾多想恨你啊！可是臣妾做不到，臣妾做不到啊！皇上的眼中只有姐姐，皇上你可曾知道，臣妾对你的爱意，不比你对姐姐的少啊！皇上，你以为姐姐爱你很多吗？你以为熹贵妃真的爱你吗？哼！凡是深爱丈夫的女子，有谁愿意看着自己深爱的丈夫，与别的女人恩爱生子啊！臣妾做不到！臣妾做不到啊！皇上虽然以为臣妾悍妒，可是臣妾是真真正正深爱着皇上，所以臣妾才会如此啊！

皇上：佛口蛇心，你真是让朕恶心！

分析与提示：剧中的皇后始终保持着母仪天下、雍容华贵、贤良淑德的中宫典范形象，实则心如蛇蝎，蕴锋刃于无形。这里讲述的是她在被甄嬛扳倒致所有罪行暴露之后，皇帝对她的审讯，也是她在全剧之中唯一一次原原本本地将自己内心深处的爱恨情仇全盘托出的一个片段。对于皇后这个角色的语言处理要注意情绪的层次变化。起初认罪时是失落无奈的，中间回忆和讲述往事的时候，情绪相对平缓，稍有波动起伏，最后在皇帝对她一遍又一遍的质问之下终于爆发，近乎歇斯底里地痛诉自己心中对皇帝的爱意和对争宠者的愤恨。配音的时候还要注意皇后的语言中也蕴含着对皇帝的敬畏。

剧中的皇帝，是一个多疑多思且杀伐决断的人，后宫事宜中只要涉及朝政往往睁一只眼闭一只眼，唯独介怀关于纯元皇后的事。剧中陈建斌塑造的皇帝声音形象慵懒、低沉，语言停顿较多。配音时不要刻意模仿原声，注意语气中带有的威严和震慑力。

第二节　广告词

贵州旅游

山美、水美、人更美
走遍大地神州,"醉"美多彩贵州

无锡灵山

从前有座山,山在无锡,是灵山
如来如愿。中国无锡灵山

洋河梦之蓝

一个梦想,两个梦想,三个梦想,千万亿个梦想。
中国梦——梦之蓝。

洋河蓝色经典

世界上最宽广的是海,比海更高远的是天,比天更博大的是男人的情怀。洋河蓝色经典——绵柔的,洋河的。

新盖中盖牌钙片

新盖中盖牌钙片,它含钙高,吸收好,适合中老年人补钙。一天一片,还能预防骨质疏松。哈药六厂生产。

龙丰方便面

男:手擀面、刀削面,不如龙丰方便面。
女:舒坦,食龙丰怎么了?
男:啊!万事通啊!
女:(点头、满意表情)

雕牌肥皂

女:肥皂,我一直用雕牌。透明皂,我还是用雕牌。雕牌透明皂,就是实在。洗得干净,还不褪色呢!

父母是孩子最好的老师

姥姥:忙了一天了,快歇歇吧!

女儿:不累。

儿子:(也端来一盆水)妈妈洗脚!

母亲:(内在语:孩子懂事了)

画外音:其实父母是孩子最好的老师。

E人E本

甲:一人一本。

乙:用笔写就行?

甲:对。

乙:还原笔记。

甲:是。

乙:办公就用它?

甲:那当然了。

乙:这手写电脑好。

甲:你得来一本。

乙:E人E本。

甲:手写电脑。

分析与提示:广告配音对广告的传播效果有着重要影响。广告往往短小精悍,言简意赅,主题明确,画龙点睛,这就需要配音员具有动听的声音,丰富的语言表达技能以及对广告内容的正确认知。

参考书目

1. 张颂主编:《中国播音学》,北京广播学院出版社 2003 年版。
2. 徐恒著:《播音发声学》,北京广播学院出版社 1985 年版。
3. 张颂著:《播音创作基础(第三版)》,中国传媒大学出版社 2011 年版。
4. 付程主编:《实用播音教程——语言表达》,北京广播学院出版社 2002 年版。
5. 鲁景超著:《广播电视即兴口语表达》,中国传媒大学出版社 2000 年版。
6. 高蕴英著:《教你播新闻》,中国广播电视出版社 2005 年版。
7. 应天常著:《节目主持语用学》,中国传媒大学出版社 2009 年版。
8. 符·阿克肖诺夫著:《朗诵艺术》,齐越、崔玉陵译,广播出版社 1984 年版。
9. 《心理学(修订本)》,华东师范大学出版社 1984 年版。
10. 祁芃著:《播音心理学》,北京广播学院出版社 1992 年版。
11. 石雨著:《播音·朗诵·演播》,吉林文史出版社 1999 年版。
12. 应天常、王婷著:《主持人——即兴口语训练》,中国传媒大学出版社 2011 年版。
13. 孙国栋编著:《口语表达技巧》,吉林大学出版社 2010 年版。
14. 李瑾华编译:《卡耐基口才突破》,中国城市出版社 2008 年版。
15. 卓燕生著:《播音与主持艺术》,内蒙古大学出版社 2007 年版。
16. 李建南等:《口头交际的艺术》,中国青年出版社 1991 年版。
17. 殷亚敏著:《21 天掌握当众讲话诀窍》,机械工业出版社 2011 年版。
18. 《第一时间的故事》编委会编著:《第一时间的故事》,电子工业出版社 2009 年版。
19. 杨博一著:《美国脱口秀》,京华出版社 2000 年版。
20. 石雨主编:《播音与节目主持文集》,吉林摄影出版社 1995 年版。
21. 邢煦寰著:《通俗美学》,中国青年出版社 2000 年版。
22. 刘国建著:《声屏视听论》,浙江大学出版社 2013 年版。
23. 吕钦文主编:《演讲论辩技巧》,东北师范大学出版社 1993 年版。

后 记

25年前,我出版了一本《播音·朗诵·演播》。5年前,又出版了一本《口语表达技巧》。前不久,曾在吉林动画学院一起共事多年的巴丹老师对我说,你把这些年播音专业的教学经验总结一下,再出一本书。我当时虽然没有回应,事后还是有些心动。我喜欢教学,喜欢做学问。20多年来对播音专业教学的确有些体会,积累了一些教学经验。我开始整理教学资料,结合我前面说的两本书,重新编写了这本《播音主持实用训练教程》。

我在播音主持专业教学中所取得的成果和中国传媒大学播音主持艺术学院有着密不可分的关系。40多年前(1973年)我参加了当时北京广播学院举办的全国播音员学习班,结识了齐越、张颂等老师,他们给了我许多帮助。1990年我出版的《播音·朗诵·演播》一书的"序言"是齐越教授在病榻前为我写的。那些年,齐越、张颂、李钢、吴郁等专家先后来吉林讲学,为全省播音队伍业务的提高起到了重要的作用。

20多年来,我是按照中国传媒大学播音教学体系教学的,可以说,我也是"学院派"。

本书语言训练部分中的许多作品，曾收入在《播音与朗诵艺术作品选》盒式音带中，分别由齐越、夏青、葛兰、林如、陈醇、关山、方明、虹云、雅坤、徐曼、宋世雄等语言艺术家播音、主持、解说、朗诵。此音带已绝版，这次做成网络数字资源，并随书附赠。

借此机会，向本书各参考书目的作者表示诚挚的谢意，并向中国传媒大学出版社播音主持编辑部的赵欣主任致以真挚的谢意。她调整了本书的框架结构，提出详细的修改建议，使本书更加科学合理，更具专业特色，她所付出的心血让我感激不尽。还要感谢李艳华编辑对本书作出的贡献。

今年9月，是我从事播音主持艺术专业教学工作23周年，我用这本收官之作来纪念，也了却我的一个心愿，并愿与同行、我教过的历届学生、广大读者共享我的快乐。

作者

2016年3月

图书在版编目(CIP)数据

播音主持实用训练教程/孙国栋著. -- 北京:中国传媒大学出版社,2016.3（2024.8重印）

ISBN 978-7-5657-1067-4

Ⅰ.①播… Ⅱ.①孙… Ⅲ.①播音—语言艺术—教材 ②主持人—语言艺术—教材 Ⅳ.①G222.2

中国版本图书馆 CIP 数据核字（2015）第 146431 号

播音主持实用训练教程
BOYIN ZHUCHI SHIYONG XUNLIAN JIAOCHENG

编　　著	孙国栋
策划编辑	赵　欣
责任编辑	赵　欣
责任印制	李志鹏
封扉设计	拓美设计
出版发行	中国传媒大学出版社
社　　址	北京市朝阳区定福庄东街1号　邮　编　100024
电　　话	86-10-65450528　65450532　传　真　65779405
网　　址	http://cucp.cuc.edu.cn
经　　销	全国新华书店
印　　刷	三河市东方印刷有限公司
开　　本	787mm×1092mm　1/16
印　　张	14.75
字　　数	248 千字
版　　次	2016 年 3 月第 1 版
印　　次	2024 年 8 月第 4 次印刷
书　　号	ISBN 978-7-5657-1067-4/G·1067
定　　价	38.00 元（附在线数字资源）

本社法律顾问：北京嘉润律师事务所　郭建平

数字资源目录

注：文中铺灰的字词和标 的绕口令、古诗、语段篇章有示范录音，请用手机扫描二维码登录在线数字资源

新闻一　　　　　　　　　　葛　兰 / 134
新闻二　　　　　　　　　　方　明 / 135
大江歌罢掉头东　　　　　　齐　越 / 137
一株小草　　　　　　　　　方　明 / 140
还是要勤俭建国　　　　　　葛　兰 / 144
中国女排荣获世界冠军　　　宋世雄 / 151
古画新声　　　　　　　　　方　明 / 153
不要使孩子成为流浪儿　　　虹　云 / 161
致台湾一位女中学生　　　　徐　曼 / 164
文艺日历——陆游　　　　　雅　坤 / 169
观沧海　　　　　　　　　　夏　青 / 174
石壕吏　　　　　　　　　　夏　青 / 175
木兰诗　　　　　　　　　　林　如 / 176
梅岭三章　　　　　　　　　齐　越 / 181
愿化泥土　　　　　　　　　陈　淳 / 189
谈骨气　　　　　　　　　　夏　青 / 191
春　　　　　　　　　　　　雅　坤 / 194
一个官员的死　　　　　　　关　山 / 196